中公新書　2645

和田裕弘著

天正伊賀の乱

信長を本気にさせた伊賀衆の意地

中央公論新社刊

はじめに

日本の歴史には、古代最大の内乱といわれる壬申《じんしん》の乱をはじめ、承久《じょうきゅう》の乱、応仁《おうにん》・文明《ぶんめい》の乱（応仁の乱）など数多くの「乱」がある。また、同じ乱でも、天文法華《てんぶんほっけ》の乱をはじめとした宗教的な乱も勃発《ぼっぱつ》している。歴史用語での「乱」の定義は難しい側面もあるが、大きく分けて、世の中の安寧が失われるという意味での内乱と、もう一つは中央政権に対する叛乱《はんらん》という意味で使われることが多い。この場合、本書で取り上げる天正伊賀《てんしょういが》の乱は、後者ということになろう。政権（支配者）側から見た名称ということになるが、乱というよりも実態に即していえば、「伊賀攻め」といったところだろう。

さて、天正伊賀の乱については、どのようにイメージされているのだろうか。天正（一五七三～九二）というのは、織田信長《おだのぶなが》や豊臣《とよとみ》（羽柴《はしば》）秀吉《ひでよし》が活躍した時の元号である。天正時代に起こった伊賀国での乱ということになる。乱の中ではマイナーに属すと思うが、「忍者」が活躍した戦いといえば、思い出す方もおられるかもしれない。織田の大軍を向こうに回して超人的な「忍者」が活躍した戦乱という印象だろうか。

映画「忍びの国」(二〇一七年公開、和田竜《りょう》原作)でも忍者が縦横無尽に活躍するシーンがふんだんに盛り込まれていた。戦国時代において、黒装束《くろしょうぞく》で手裏剣を使いこなし、印《いん》を結ぶような忍者がいたとは思えないが、諜報《ちょうほう》活動や敵方の攪乱《かくらん》、さらには敵城の乗っ取りなど忍者の役割を果たしていた者たちは、たしかに存在した。その最たる者が、伊賀国の伊賀衆であり、近江国《おうみのくに》の甲賀衆《こうかしゅう》である。近代になって流布した「忍者」という名称には誤解が伴うので、本書では「忍びの者」と表記する。

天正伊賀の乱は、第一次から第三次まで三回あったとして語られることが多い。ただ、論者によって異なっており、統一した見解が必要でもある。本書での表記を簡単に説明しておくと、織田信長の次男で北畠《きたばたけ》氏の家督を相続していた信雄《のぶかつ》が、天正七年(一五七九)九月、父信長に無断で伊賀国へ侵攻したものの、忍びの者の反攻に遭って敗退した、これを第一次天正伊賀の乱と表記する。

この敗戦を知った信長は、信雄に対して譴責状《けんせきじょう》を認《したた》めるという稀《まれ》に見る不名誉な事態となったが、二年後には、汚名返上の機会を信雄に与える。天正九年九月、信雄を大将に抜擢《ばってき》し、小国伊賀に四方から織田の大軍を乱入させたことで、さしもの忍びの者もなす術《すべ》なく、伊賀国内の城郭や神社仏閣が破壊、焼き尽くされ、伊賀国は焦土と化した。これを第二次天正伊賀の乱とする。しかし、これら忍びの者の活躍や、伊賀国が焦土となったというのは史

かった。
実なのだろうか。本書では、できるだけ良質な史料を辿《たど》って、その様相を確かめていきたい。
残る第三次天正伊賀の乱というのは、翌年の本能寺《ほんのうじ》の変の混乱に乗じて伊賀衆の残党が蜂《ほう》起《き》したことを指す。第一次、第二次は、単なる織田軍の伊賀侵攻作戦だったが、第三次の伊賀の乱は、文字通り乱に相応《ふさわ》しい混乱ぶりを呈した。ただし、その規模は決して大きくはなかった。

じつは、天正伊賀の乱の具体的な動きを探ることは、大きな困難を伴っている。信頼できる史料が極端に少ないのが最大の要因である。伊賀の軍記物『伊乱記《いらんき》』などを読み進んでいくと、荒唐無稽《こうとうむけい》な話もあり、正直、読むに堪えない部分がある。しかし、これらの軍記物を完全に排除すると、天正伊賀の乱の実態はますます分かりにくくなる。本書では極力慎重に扱っていきたいと考えている。

伊賀国は、畿内近国《きないきんごく》ながら別天地の趣きがあり、桃源郷と表記されることもある。他国からの軍事的な侵入を拒み、自主自立の気風が強かったというイメージが先行しているのだろう。興福寺《こうふくじ》多聞院《たもんいん》の院主英俊《えいしゅん》はその日記『多聞院日記』において、第二次天正伊賀の乱を記した箇所で、それまで五百年間、伊賀国には乱がなかったという伝聞を書き残している。実際に、本能寺の変の一年前の時点ですら、伊賀国は信長の軍門には降《くだ》っていなかった。その強さの秘密は、「惣国一揆《そうこくいっき》」の結束だったといえよう。

一般的に耳慣れない惣国一揆といってもなかなか理解しにくいが、ごく簡単に説明すると、外敵に対処するため、挙国一致した同盟集団といえようか。侍身分から上層農民までを含めた挙国一致体制が強味を発揮した。伊賀国には、この惣国一揆の研究上著名な「惣国一揆掟《おきて》之事《のこと》」が知られているが、作成年代の確定なども含め、研究途上にある。外敵に対する軍事的緊張の中で生み出されたものであるため、作成年代を確定することは、四囲の状況を把握する上でより根本的な問題でもある。詳しくは本文で触れることになるが、第一次天正伊賀の乱では類《たぐ》い稀なる軍事力を発揮した。しかし、第二次天正伊賀の乱で壊滅的な打撃を受け、豊臣秀吉の時代には惣国一揆は跡形もなく解体されてしまった。本書では、その後の伊賀衆の動向にも触れることで伊賀の中世の終焉《しゅうえん》を見届けたい。

それでは、天正伊賀の乱の実態を探っていくことにしよう。

目次

はじめに　i

序章　伊賀国の特殊性……………………………3

1　戦国大名の不在　3
わずか四郡の小国／五百年、乱がなかった／六百を超える城砦群

2　伊賀国の守護　14
戦国時代の伊賀国／守護仁木氏①／守護仁木氏②

3　伊賀惣国一揆の実態　30
惣国一揆とは／伊賀惣国一揆の掟書／甲賀郡中惣との同盟

第一章　乱勃発前夜……43
1　伊賀衆　43
国衆の乱立／一次史料に見る伊賀国①／一次史料に見る伊賀国②
2　伊賀衆と他国との関係　54
近江六角氏との関係／対信長で共同戦線／伊勢北畠氏との関係／大和の国衆らとの関係
3　忍びの者　69
忍びの者の実態／全国的な広がり／他国での活躍
4　信長と忍びの者　77
信長配下の忍びの者①／信長配下の忍びの者②／信長対忍びの者
コラム　忍術書の集大成『万川集海』　89
第二章　織田信長と伊賀衆の関係……93
1　永禄の変　93

将軍足利義輝の暗殺／足利義昭の逃避行
2　幻の第一次上洛計画　98
足利義昭の動向／『米田家文書』の記述／使者は甲賀衆か／伊賀衆との関わり／信長の役割
3　足利義昭の上洛　117
伊賀衆と敵対／上洛戦の成功

第三章　北畠信雄の独断と挫折――第一次天正伊賀の乱……123

1　北畠氏の動向　123
北畠氏の滅亡／北畠氏再興の動き
2　丸山合戦　130
通説に見る丸山合戦／滝川雄利
3　北畠信雄の敗退　135
第一次天正伊賀の乱／『伊勢伊賀戦争記』の記述／柘植保重の討死／北畠家督信雄／信長の譴責状

第四章　織田軍の大侵攻——第二次天正伊賀の乱……153
1　通説による第二次天正伊賀の乱　153
自治体史などの記述／信用しがたい記述
2　信頼できる史料の記述　160
信長の動向／『信長公記』の記述／軍記物の記述／一次史料を中心とした記述／書状類の記述
3　伊賀国平定戦　180
織田軍の参戦武将／信長の戦場視察／第二次天正伊賀の乱の実態
第五章　伊賀衆残党の蜂起——第三次天正伊賀の乱……189
1　本能寺の変　189
北畠旧臣の動き／織田信雄の動き／変後の混乱①／変後の混乱②／変後の混乱③
2　小牧・長久手の戦い　203

脇坂氏の支配／秀吉の朱印状／筒井定次の入国
3　伊賀衆の岐路　214
仁木友梅／神君伊賀越えの実態
終　章　近世の幕開き……………………223
関ヶ原の戦い／藤堂高虎の入封／大坂の陣と島原・天草一揆／伊賀衆の末路／天正伊賀の乱を概観する
あとがき　237
主要参考文献　240
関係略年表　259

伊豆		静岡
駿河		
遠江		
三河		愛知
尾張		
美濃		岐阜
飛騨		
信濃		長野
甲斐		山梨
越後		新潟
佐渡		
越中		富山
能登		石川
加賀		
越前		福井
若狭		

国名		現都府県名
陸奥	(陸奥)	青森
	(陸中)	岩手
	(陸前)	宮城
	(磐城)	
	(岩代)	福島
出羽	(羽後)	秋田
	(羽前)	山形
安房		千葉
上総		
下総		
常陸		茨城
下野		栃木
上野		群馬
武蔵		埼玉
		東京
相模		神奈川

筑前	福岡
筑後	
豊前	
豊後	大分
日向	宮崎
大隅	鹿児島
薩摩	
肥後	熊本
肥前	佐賀
壱岐	長崎
対馬	

阿波	徳島
土佐	高知
伊予	愛媛
讃岐	香川
備前	
美作	岡山
備中	
備後	広島
安芸	
周防	山口
長門	
石見	
出雲	島根
隠岐	
伯耆	鳥取
因幡	

近江	滋賀
山城	京都
丹後	
丹波	
但馬	
播磨	兵庫
淡路	
摂津	
和泉	大阪
河内	
大和	奈良
伊賀	
伊勢	三重
志摩	
紀伊	和歌山

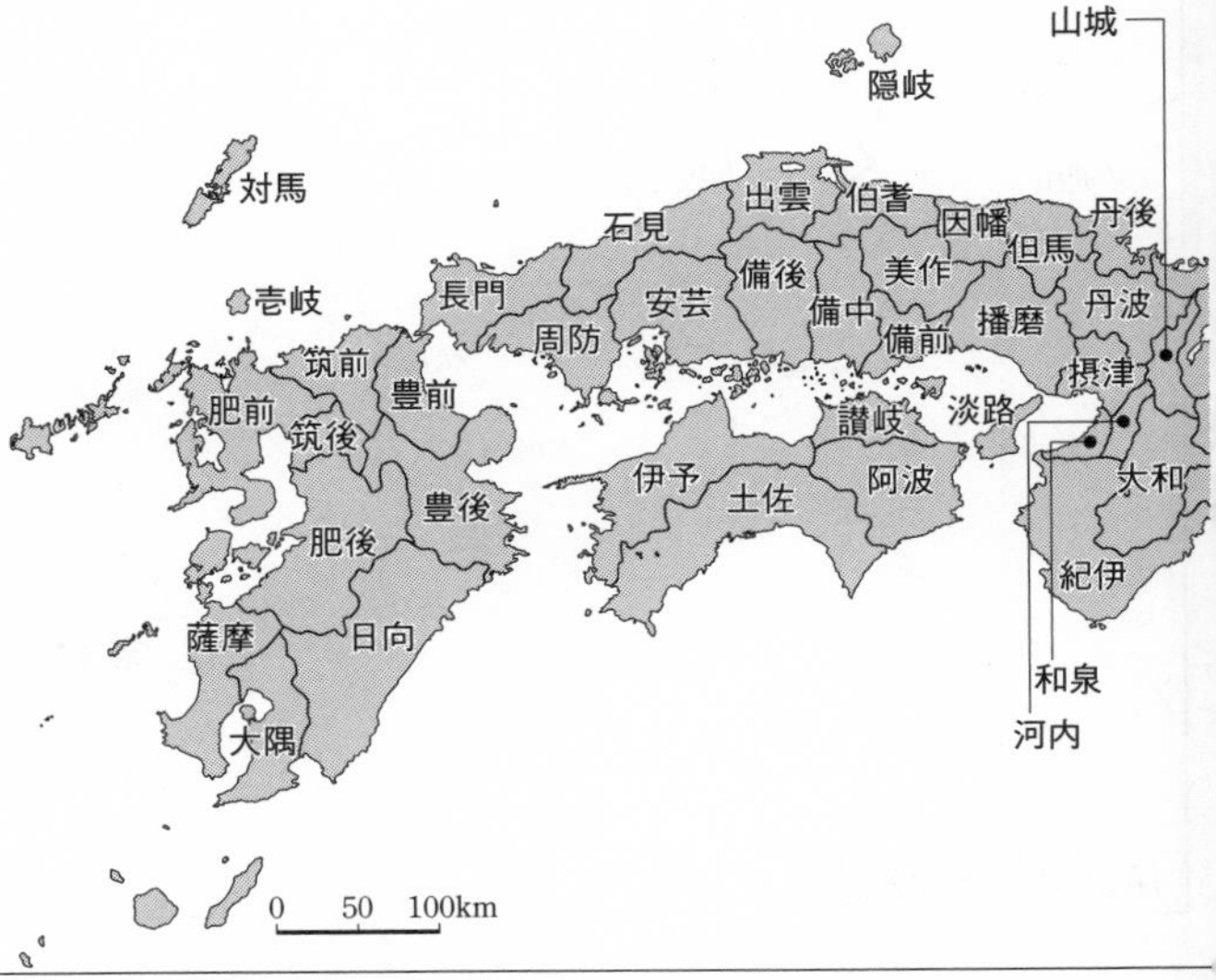

小谷
稲葉山
(岐阜)
長浜
美濃
琵琶湖
佐和山
安土
観音寺
箕作
尾張
坂本
鯰江
近江
石部
日野
槙島
山城
笠置
伊勢
伊賀
多聞山
丸山
伊勢湾
松島
大和
大河内
田丸
志摩
森
伊賀国とその周辺

『三重県史』資料編近世２の付録に掲載された地図，新井孝重著『黒田悪党たちの中世史』（ＮＨＫブックス）掲載の地図を参考に作成．城などの位置は推定を含む．

戦国期において、個人の実名（諱）は不詳であることが少なくない。たとえばキリシタン大名として著名な高山右近は、重友など複数の諱が伝わるが、そう名乗った事実を良質な史料から確認することは困難である。そのため本書では、より確実である右近という通称を優先的に用いた。諱の訓読についても同様に不確定だが、読者の便宜を考慮し、著者の推測により読み仮名を振った場合があることをお断りしておく。

天正伊賀の乱

序章　伊賀国の特殊性

1　戦国大名の不在

わずか四郡の小国

伊賀国は、北は近江国、西は山城国《やましろのくに》と大和国《やまとのくに》、南は大和国、東は伊勢国《いせのくに》に接し、四囲を山々に囲まれ、中央部には上野《うえの》盆地が広がる閉鎖的な地である。伊賀国内に流れる、柘植川《つげがわ》、服部川《はっとりがわ》、名張川《なばりがわ》などが木津川《きづがわ》となり、さらに淀川《よどがわ》となって大阪湾まで流れる。東西約三〇キロメートル、南北約三八キロメートルの小国であり、上野盆地は東西約一五キロメートル、南北約二〇キロメートルの狭い範囲である。この地理的な特徴が戦国時代に遺憾なく発揮されることになる。

山間《やまあい》の地の特徴として、国衆《くにしゅう》（在地を支配した領主。国人《こくじん》、土豪とほぼ同義）が乱立し、他者を牽制《けんせい》するため突出した権力者が現れず、合議制に近いかたちで一国の支配を安定させていた。「惣国一揆」が結ばれる環境でもあった。織田信長の時代における伊賀国の石高《こくだか》は正確には不明だが、十万石程度である。織田軍に対抗できる軍勢を動員することは常識的には不可能だった。

伊賀国は、現在の自治体でいえば、三重県西部に位置し、ほぼ伊賀市と名張市を合わせた地域になる。伊賀市の人口は約九万人、名張市は約八万人、合わせて約十七万人。近隣の都市で見ると、三重県松阪《まつさか》市、京都府宇治《うじ》市に相当する。旧国としては、やはり規模は小さい。交通網では、JR関西本線、伊賀線、近鉄大阪線が走り、主要国道では名阪国道(国道二五号線)、東西には国道一六三号線、同一六五号線、南北には三六八号線などが通っている。文化的には中部圏と関西圏の中間になる。地名辞典などによると、古代には伊勢国に併合されたこともあったが、天武《てんむ》天皇の時代に

分離したという。国名の由来は、吾娥津姫命《あがつひめのみこと》（伊賀を領したという猿田彦命《さるたひこのみこと》の娘）にちなみ、「吾娥」が伊賀に転訛《てんか》した説、成務《せいむ》天皇の代に武伊賀都別命《たけいがつわけのみこと》を伊賀国造《くにのみやつこ》に任命したという記述をもとにした説、伊賀臣の居住地にちなむという説、峻険《しゅんけん》の地勢（厳《いか》・怒《いか》）に由来するという説など諸説ある。古代には、壬申の乱の時、大海人皇子《おおあまのみこ》（天武天皇）の軍が周辺を焼き払いながら通過したことでも知られる。

律令下では、国は「大国」「上国」「中国」「下国」に区別されたが、伊賀国は「下国」の格付けで、阿拝《あえ》・山田《やまだ》・伊賀《いが》・名張《なばり》の四郡を管し、国府は現在の伊賀市府中《ふちゅう》地区に置かれた。伊賀国内有数の可耕地として選定されたと見られている。

律令制では東海道に組み込まれ、東海道第一番目の国と位置づけられた。畿内ではないが、西部には畿内に属した地域もあるなど文字通り「畿内近国」と認識され、奈良・京都と伊勢を結ぶ奈良街道、伊賀街道、初瀬《はせ》街道が通り、交通の要衝として栄えた。早くから荘園が開発され、東大寺《とうだいじ》領、興福寺領、春日社《かすがしゃ》領、伊勢神宮《いせじんぐう》領、石清水八幡宮《いわしみずはちまんぐう》領、皇室領、摂関家領などがあり、とくに東大寺領の黒田荘《くろだのしょう》（名張市）や玉瀧荘《たまたきのしょう》（伊賀市）が著名である。大江《おおえ》氏や服部《はっとり》氏が荘園を横領し、荘園領主からは「悪党」と呼ばれた。

『角川日本地名大辞典』には「室町期から戦国期にかけて伊賀では他国のように守護領国《しゅごりょうごく》制《せい》は発達せず、在地領主がそのまま各地の小土豪となって割拠し、堡《ほ》を築いたり、溝や土塁を巡らした居宅を持ち、いわゆる国衆として、相互に均衡を保ちながら連合支配を行っていた」とあり、その数は六十六とも四十八ともいわれるが、はっきりしない。「一国の地侍《じざむらい》六十六人一味して諸城を守る。法を立て国を治め、事ある時は平楽寺《へいらくじ》に会してこれを決断す」という（『武家事紀《ぶけじき》』）。

江戸初期の軍学者山鹿素行《やまがそこう》の『武家事紀』では、山々に囲まれた伊賀について「古来京都より江州甲賀へ逃れ、直《ただち》に伊賀・伊勢に越え、一時の難を逃るること多し」と評している。『看羊録《かんようろく》』には、伊賀国は「下《げ》、四郡を管す（河（阿）拝〔府〕・山田・伊賀・名張）。四方一日の程。東南は海にして、北は山多く、依《よ》りて暖気を生ず。草木竹、蕩《ほしいまま》に多し。小上国なり（筒井《つつい》氏、之《これ》を食す。大和の大姓なり。順慶《じゅんけい》といふ者有り、勇悍《ゆうかん》を極む。秀吉、之を毒殺す。其《そ》の子、伊賀に移食す。長策（東）大蔵《おおくら》の弟伊賀守、之を分食す）」と記載している。

同史料は、豊臣秀吉が起こした文禄《ぶんろく》・慶長《けいちょう》の役《えき》の時、慶長二年（一五九七）に日本軍の捕虜となり、日本に拉致《らち》された儒学者姜沆《カンハン》が抑留中に得た知識で記した日本見聞記である。捕虜の身として情報に限界があるのは当然である。「東南は海にして」など誤解も交じっているが、当時の伊賀国の様子が垣間見《かいまみ》えようか。山がちの小国であり、一日で踏破できる範囲であることも実情に合っている。

他方、伊賀国に隣接する地域には、伊賀国同様に一揆が結ばれている。地形的には、やはり山間盆地で、地侍（有力名主《みょうしゅ》層出身の侍）が割拠していたという特徴がある。近江の甲賀郡、大和国では東部に広がる高原地帯である東山内《ひがしさんない》や宇陀《うだ》郡、さらには神戸《かんべ》四箇郷《しかんごう》衆が一揆的な行動をとっていた。

伊賀国は小国だが、北伊賀と南伊賀では歴史的背景も異なる。地理的に北伊賀は六角《ろっかく》氏の勢力が及び、隣接する甲賀衆とも密接である。南伊賀は大和国との関係も深いが、伊勢北畠氏に属していた時期もある。こうした背景は、本書の主題である「天正伊賀の乱」の遠因の一つともなる。

また、伊賀国の特徴の一つとして土符《どふ》というものがある。縦六センチメートル、横五センチメートル、厚さ一センチメートル程度の陶質で、札型をした中世の考古遺物である。片面に年月日、他面に「人」「馬」「米」「銭」のいずれか、またはそれらを組み合わせた文字と花押《かおう》が刻まれ、焼かれたものである。伊賀市内で一八〇例が確認されているという（『伊賀市史』第一巻通史編古代・中世、同第四巻資料編古代・中世）。年号が確認できるものでは、戦国時代が中心となっている。

発行主体や用途などについての研究も進んでいる。発行主体は守護仁木《にっき》氏（読み方については後述）、もしくは侍衆による地域的結合、用途については、賦課《ふか》のためのものではなく、過書《かしょ》（関所通行の許可証）のような特権を付与するためのものというのが有力視されている。

伊賀国の特殊性に起因すると思われるが、解明には至っていない。

「天正四年十月日」のものがまとまって出土しており、伊賀国とも密接な関係のあった北畠氏の粛清の一か月前というのが多少気になるが、因果関係は不明である。また、天正伊賀の乱に直結するような土符も確認されていない。

五百年、乱がなかった

本書の主題である天正伊賀の乱については、のちに詳しく述べるが、簡単に説明すると、天正九年（一五八一）九月、小国伊賀に織田の大軍が四方から侵攻し、瞬く間に伊賀を蹂躙《じゅうりん》した平定戦である（織田方からの視点）。伊賀の惣国一揆も解体した。本能寺の変の一年前になる。

伊賀より大和に帰国した者から伊賀国の状況を聞いた興福寺多聞院の英俊は、「五百年も乱、行われざる国なり云々《うんぬん》」と『多聞院日記』天正九年九月十七日条に書き留めている。大和国と比べ、伊賀国には五百年間も争乱がなかったという認識であろう。おそらく五百年というのは概数であり、保元《ほうげん》の乱、もしくは伊賀国をも巻き込んだ、源平の争乱を指している可能性がある。他の事例でも四百年前のことを五百年前と記していることもあり、まったく大雑把《おおざっぱ》な時代認識だったのかもしれない。

源平の争乱時、源 義経《みなもとのよしつね》は伊勢国から加太越《かぶとご》えという峠を経て伊賀国に進軍している。五百年前ではなく四百年前になるが、伊賀国、および伊勢国で元暦《げんりゃく》元年（一一八四）七月、大規模な叛乱が勃発している。公家の日記『玉葉《ぎょくよう》』を引いている『伊賀市史』（第一巻）によると、「伊賀国の平田家継《ひらたいえつぐ》が大将軍となって謀叛《むほん》を起こし、国内に居住していた伊賀国惣追捕使《そうついぶし》大内惟義《おおうちこれよし》の郎従たちを討ち取り、伊勢国でも平 信兼《たいらののぶかね》をはじめとする武士たちが鈴鹿山《すずかやま》を封鎖して家継の謀叛に呼応したという。鎌倉軍が京を制圧して以来、はじめて畿内近国で起こった大規模な反乱」と説明している。英俊の認識はこの事件だったのだろうか。

この前後に「乱」に相応しい事件があったかを『伊賀市史』（第七巻年表・索引）で確認しても、「乱」は見いだせない。

いずれにしても、閉鎖的な伊賀国では数百年間も大乱がなかったと理解されていたのだろう。しかし、実際には応仁の乱の時には、伊賀国も巻き込まれている。大和国に比べれば、乱と呼べるほどの混乱ではなかったという認識だったのだろう。その後、戦国大名の出現もなく、国衆同士の小競り合いはあったが、大乱に至るような争乱は起きなかった。

他方、英俊は、隣国である伊賀国について「仏神崇重《すうちょう》の国、聖教《しょうぎょう》数多、堂社結構の処《ところ》」（天正九年九月三日条）と評しており、伊賀国に対して敬意を持っていたようである。

六百を超える城砦群

伊賀国の中世城館の実態については、昭和五十二年（一九七七）発行の『三重の中世城館』（三重県教育委員会編）で概要が把握され、その後、平成九年（一九九七）発行の『伊賀の中世城館』（伊賀中世城館調査会編集・発行）で網羅的に詳細が報告されている。山城から平地居館まで合わせると、伊賀国内には六百を超える城砦《じょうさい》群が確認されており、全国一の分布密度という。こうした土壌があったればこそ、織田政権に簡単に屈服しなかったともいえよう。伊賀国内に城砦が多く存在したことは、後年になるが、加藤清正《かとうきよまさ》が朝鮮に出兵した時、豊臣秀吉の側近に宛てた書状において、敵情を報告するなかで「昔の伊賀・甲賀のように、在所在所に要害を構えている」旨の様子を伝えていることでも理解できよう。

『伊賀の中世城館』で確認された城館数は六一九にまで上るが、不明数も二六四あるという。その大半が戦国時代に造られたと見られている。以後も調査が進んでおり、その数が増えている。福井健二氏は、「伊賀国の中世城館」（『郵政考古紀要』二）において「伊賀の城館の多くは単郭環濠《たんかくかんごう》式のものが大半で平地の館も丘陵の城も全く同じ形で（中略）小規模な城館であった」と分析している。その後、平成十六年（二〇〇四）一月段階では六三四か所の遺構が確認されているという（福島克彦『畿内・近国の戦国合戦』）。

全体的な特徴について田村昌宏氏は「中世城館と惣国一揆」（『中世城郭研究論集』）においい

て、「伊賀国は、大名領国制が形成されず、他の地域とは異なる小規模な中世城館がその大半を占めている」とし、社会構造の変化に伴い、初期には集落内に形成されたが、やがて居館から軍事的機能を保有した詰城《つめじろ》が分離し、さらに詰城だけではなく居館も山上へ移行していった、と推測している。

「伊賀惣国一揆」（後述）と関連づけて城館規模を分類する研究も進んでおり、他国では見られないような階層の者までが城館を築いていたと推測されている。ただ、伊賀国といっても地域差があることも指摘されている。

以下、『伊賀の中世城館』に沿って主な城館を見ていく。同書は当時の自治体別に編纂《へんさん》しており、島ヶ原《しまがはら》村、阿山町《あやまちょう》、伊賀町、大山田《おおやまだ》村、上野市、青山町《あおやまちょう》（以上は現伊賀市）、および名張市の七地区に分けて記載している。城館の調査については、「古城、城山、殿山、要害、城屋敷、殿屋敷、城の腰、城ノ下、城中、城之内、垣内、構、堀之内、堀などの地名や呼称、通称、伝承により調査」し、文献としては、宝暦《ほうれき》年間（一七五一～六四）に編纂された『三国地志《さんごくちし》』を中心に調査している。

「天正伊賀の乱」の勃発原因となった城として知られるのが丸山《まるやま》城である。伊賀国最大の城である。城山が丸い形をしていたことから命名されたという。もともとは伊勢国司北畠具教《とものり》が天正三年（一五七五）に伊賀平定の橋頭堡《きょうとうほ》として築いた城と見られている。隠居城として築城したともいわれる。しかし、具教をはじめとした北畠一族は翌天正四年十一月、信長の命で粛清された。その後、丸山城は荒廃したが、具教に代わって伊賀侵攻を企てた信雄が再築造し、これが天正伊賀の乱の導火線になったというのが通説である。

『伊賀旧考』(『伊陽旧考』)によると、周囲は六九六間《けん》(約一二六七メートル)、山上までの高さは三〇間(約五五メートル)、本丸は南北四四間(約八〇メートル)、東西二五間(約四六メートル)、天守台は六間(約一一メートル)四方、高さは三間(約五メートル)の規模。『伊乱記』によると、第二次天正伊賀の乱の時(宮山《みややま》合戦)、壬生野《みぶの》城とともに拠点となった城である。

天正伊賀の乱に際して、信長の書状(後述)に登場する三つの拠点がある。伊賀国にとって防衛上重要な拠点である。壬生野、河合《かわい》、佐那具《さなぐ》の三拠点で、その立地は三角形の形になっている。壬生野城は、別名清水城といわれ、清水岩城守《いわきのかみ》が城主であったと伝わる。『伊賀町史』によると、壬生野城は「川東春日神社の南の丘陵に位置する大規模な城」とし、東側は丘陵に続いているが、他の三方は眺望のよい約二〇~三〇メートルの高台になっており、柘植《つげ》郷では最後の拠点となったという。

河合の城は、『三国地志』の田矢伊予守《たやいよのかみ》堡址《ほし》の記述をもとに、『伊賀の中世城館』では「田矢伊予守城」と表記している。『伊乱記』では田屋三郎右衛門を中心に近郷の土豪が集結して織田軍と戦ったという。三つの曲輪《くるわ》（城の周囲に築いた土石の囲い）を中心に数か所に出丸《でまる》（城から飛び出た位置に造られた曲輪）が存在し、旧阿山町では随一の城と評価されている。『信長公記《しんちょうこうき》』に記載された河合の城に比定されている。

佐那具にはたくさんの城館跡が確認されているが、どれが佐那具城なのかは不明である。『伊賀市史』によると、北伊賀には山寺を利用したものが多く、最大のものは比自山城《ひじやま》で、第二次天正伊賀の乱最大の激戦地という。比自山城よりも規模が小さいが、それゆえに山寺を母体にしたことが明瞭《めいりょう》なのが楽音寺《がくおんじ》城である。『信長公記』天正九年九月十日条に「伊賀国さなご嶺《みね》おろしへ諸手相働き」と表記している「さなご嶺おろし」と推測されている。

伊賀衆は、信長も注目した壬生野城を拠点とした防衛ラインを構築していたが、これだけでは不十分と危機感を持ち、新たに春日山《かすがやま》城（宮山《みややま》城）を築城したものの未完成だったと見られている。同城は、山寺を利用せずに更地に築城したもので、空堀や塹壕《ざんごう》の類いをラインとして張り巡らして自然地形まで活用する新しい手法を取り入れている。ただ、虎口《こぐち》（城の出入口）の完成度が低く、織豊《しょくほう》系城郭とは決定的な落差があるという。

伊賀国内にはかなりの規模の方形城館が多数確認されているが、逆にいえば同程度の国衆層が乱立し、一国を代表するような大名が輩出しなかった証左でもあり、「惣国一揆」誕生の土壌があったといえよう。伊賀国の特徴でもある濃密な城館群は、戦国大名が出現しなかったことを如実に物語っている。

2 伊賀国の守護

戦国時代の伊賀国

伊賀国は平氏の根拠地であっただけにその影響が長く続いた。戦国時代の伊賀国は、他国とは様相を異にしている。守護仁木氏の支配力が弱いため、実質的に支配したのは国衆が結束した「惣国一揆」である（異説あり）。「惣国」だが、基本的には百姓とは一体化しなかった。あくまで侍身分が中心だった。伊勢・伊賀で活躍した関岡《せきおか》家の家伝『関岡家始末』には「伊賀国は服部党大名」「服部家は二千人の大将」などという記述があるが、そのままには信用できない。

応仁元年（一四六七）に勃発した応仁の乱は、否応《いやおう》なく畿内近国の伊賀国にも波及してきた。これには乱の主役ともいえる畠山《はたけやま》氏の影響が大きい。乱勃発の十三年前の享徳《きょうとく》三年（一四五四）八月、畠山政長《まさなが》との家督争いに敗れた畠山義就《よしひろ》（初名は義夏《よしなつ》）が伊賀国へ落ち延び、伊賀国で「隠居」（『師郷記《もろさとき》』）に追い込まれた。しかし、潜伏期間は短く、この年十二月には将軍足利義政《あしかがよしまさ》の支援によって上洛《じょうらく》し、政長方の管領細川勝元《かんれいほそかわかつもと》と戦っている。伊賀国守護（仁木氏）や国衆は否応なく幕府内の対立に巻き込まれていくことになる。

応仁元年八月、東軍方の足利義視《よしみ》（義政の弟）が出奔し、伊勢国司の北畠教具《のりとも》を頼って下向する途中、伊賀国を通過し、近江国甲賀の多羅尾《たらお》氏が出迎えている（『応仁記』）。翌年、義視が伊勢から上京する途中も、伊賀へ立ち寄っている。伊賀守護の仁木政長《まさなが》は近衛政家《このえまさいえ》（近衛家当主）を通じて義視に馬・太刀《たち》を献上している。

このように仁木氏は東軍方だが、伊賀衆は西軍の畠山義就に属して戦うなど、まったく別の行動をとっている。守護とは名ばかりということがよく分かる。『伊賀市史』は、「応仁・文明の乱が終結した後も義就方に属し出陣する伊賀衆の姿は、のちに惣国一揆を形成する彼らの自立性や独自性の表現として注目される」と指摘する。

足利将軍家略系図（数字は将軍職の代数）

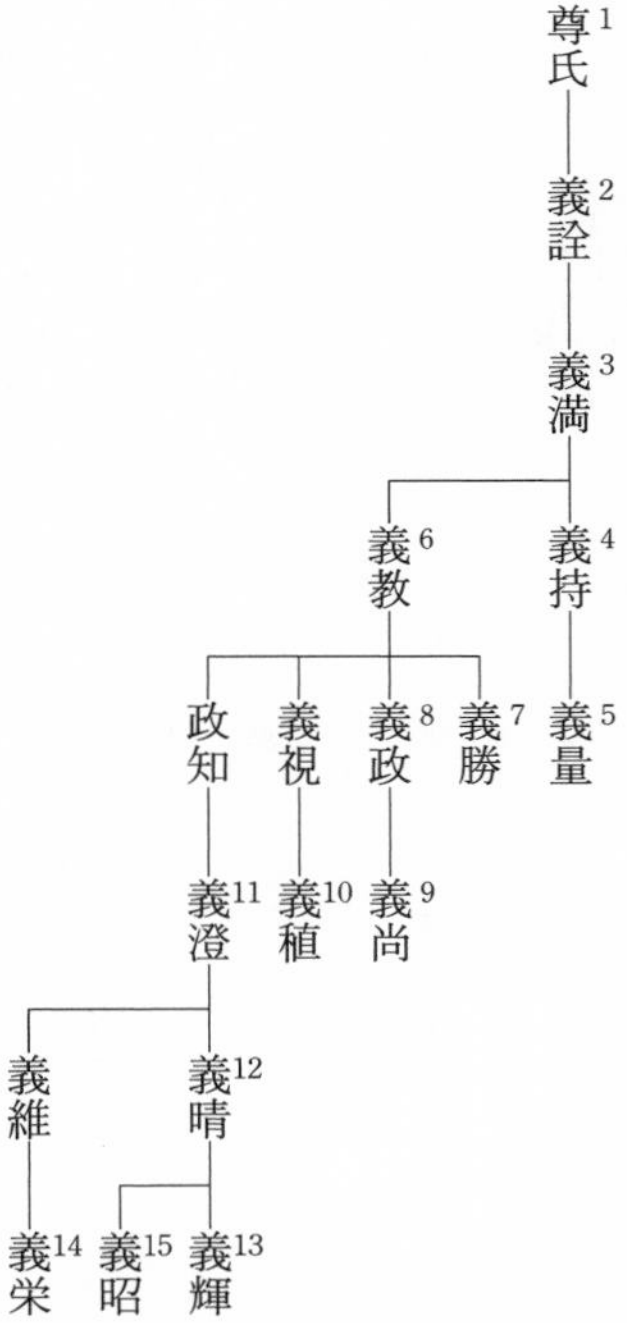

伊賀国では、守護仁木氏の力が弱いため、「柘植三《さん》方《ぼう》」（北伊賀の日置《へき》、北村《きたむら》、

福地《ふくち》の三家）といった国衆が力を持つようになっていった。長禄《ちょうろく》四年（一四六〇）には畠山氏の麾下《きか》として紀伊国《きいのくに》で働くなど伊賀国外でも活躍した。また、伊勢国司北畠氏の配下としても働いている。伊賀国に触手を伸ばそうとしていた近江の六角氏に対しても、伊勢国の関《せき》氏や長野《ながの》氏と協力して近江国に出陣して戦うなど伊賀国以外とも連携した動きが見られる。

こうした伊賀国外での動きは、延徳《えんとく》三年（一四九一）には興福寺大乗院《だいじょういん》領の「小山戸《おやまと》」（奈良市）を所領とするまでに発展している。明応《めいおう》七年（一四九八）、興福寺は鞆田《ともだ》水分社《みくまりしゃ》（奈良市）造営のために、段銭《たんせん》（田畑の広さに応じて徴収した臨時税）を賦課しようとしたが、すでに伊賀国の奥西《おくにし》氏らが「私段銭」を懸けていたため、新たに段銭を賦課することができなかった（『大乗院寺社雑事記《じしゃぞうじき》』）。

また、後述するが、伊賀衆は国内に独自に関所を設置するなど独立の気風が目につく。文明十七年（一四八五）には、大和国から山城国への路次に関を設置したが、あまりの傍若無人ぶりは「希代不思議のことなり。京都近所、かくのごとく雅《(我)》意に任せもっての外のことなり」（『大乗院寺社雑事記』）と評された。

他方、伊賀国外からの侵入もあった。文亀《ぶんき》二年（一五〇二）二月には、京都の愛宕山山伏《あたごやまやまぶし》が伊賀国へ討ち入ってきた。もっとも原因は伊賀国内にあった。伊賀の百姓衆らが同国の国衆から「緩怠」を理由に「退治」を加えられたため、これに反発した百姓衆らが愛宕山山伏らと語らい、四百人余で討ち入ったのである。しかし、逆に国衆から夜討ちを仕掛けられ、大半が討ち取られた。生き残ったのはわずか十人余だったという（『小槻時元記《おづきときもとき》』）。国衆の武力のほどが分かるが、まだまだ百姓衆を組織化できていなかったことも判明する。

少し時代は下るが、天文年間（一五三二〜五五）に入ると、同十年（一五四一）十一月二十六日早朝、当時畿内で活躍していた畠山旧臣の木沢長政《きざわながまさ》の軍勢が籠城《ろうじょう》する山城国笠置《かさぎ》城に対し、「伊賀衆、笠置城忍び入《いり》て少々坊舎放火、そのほか所々少（小）屋を焼」く活躍を見せた。敵城に忍び入り、坊舎（僧の住む建物）などを放火するのは、彼らの得意とするところだった。後年、「忍者」と認識される働きでもあった。ただ、二日後には城兵の逆襲に遭い、三十人余りが討死、退散し、笠置城は木沢方が手に入れた（『多聞院日記』『天文御日記』）。

この三年後になるが、伊賀の国衆が大坂本願寺《おおさかほんがんじ》を訪問し、本願寺門徒になり、門徒衆の伊賀国内の通行を保障する契約がなされている。『天文御日記』（本願寺第十代宗主証如《しょうにょ》の日記）天文十三年（一五四四）六月二十二日条によると、伊賀の国衆十一人が弓や茶を手土産《てみやげ》に本願寺を訪れ、従前から伊賀国内の通行を保障する旨を誓っていたこともあり、新たに本願寺門徒と認められた。十一人のうち一人は「使者」と記されており、残る十人が伊賀国の支配者層とする見方がある。使者というのは、伊賀国守護の仁木氏の使者かもしれない。いずれにしても彼らが伊賀国を代表する立場だったのだろう。

伊賀衆は、他国の畠山氏・北畠氏・六角氏や、大和の実質的な守護と目される興福寺などとも交流し、公権的存在として徐々に認識されていくようになる。

一方、当時来日していた宣教師の記録にも伊賀国のことが記されている。少し長いが引用してみよう。一五七二年九月二十九日（元亀《げんき》三年八月二十二日）付のフランシスコ・カブラルの書簡である（松田毅一監訳『十六・七世紀イエズス会日本報告集』第Ⅲ期第4巻）。

伊賀の国では未《いま》だ一度も説教を行なったことがないにもかかわらず、幾つか教会が建設されたが、（同国の人々は）我らのもとに使者を遣わし、彼らに説教する者が即座に己れの家に泊まることをひたすら望むが故に、まず初めに教会を設けたと言って、説教を請うた。しかし、かの地（都地方）にいる一人か二人の修道士は他の地方での説教に絶えず従事しており、彼らのもとに派遣すべき人材がなかったので、私は彼らの請願に応《こた》えることができなかった。司教宛てにしたためる私の書簡により、貴殿は私が再び当地方に帰着するまでのこの旅について理解されるであろう。当地に帰ってきた時、私は公方《くぼう》様、その他の大身らがデウスの教えに対して示した多大な熱意の影響を見出したが、これは豊後《ぶんご》や有馬《ありま》、天草《あまくさ》、大村《おおむら》においてははなはだ多数の人がキリシタンになる上で少なからず寄与した。

伊賀の国では布教活動をしていなかったが、いくつかの教会が建てられた。伊賀国の者が宣教師に使者を派遣し、説教のために伊賀国へ下向してもらおうと、まずは教会を建てたという。そのままには信用できないものの、伊賀国から積極的に働きかけていたということだろう。天文年間には有力者が本願寺門徒となっていたが、この頃には伊賀の民衆の間でキリシタンになる者が出始めていたのかもしれない。

時代はかなり下り、大坂の陣の頃の記録になるが、一六一五年、翌一六年の宣教師の日本年報には、畿内に残っていた司祭は三人しかいなかったものの、伏見《ふしみ》、大坂、摂津《せっつ》のほか、丹波《たんば》、美濃《みの》、尾張《おわり》、伊賀、越前《えちぜん》、加賀《かが》、能登《のと》を訪れており、その中に伊賀も入っていた(『十六・七世紀イエズス会日本報告集』)。伊賀にもまだキリシタンがいたのだろう。

また、『フロイス日本史』によると、大和国の沢《さわ》城主は、松永久秀《まつながひさひで》に放逐されたが、伊賀国に留《とど》まって奪回の機会を狙《ねら》っていたという。沢氏は宇陀三人衆の一人であり、北畠氏に属していた時期もあるが、難を伊賀国に避けるなど、ここでも隣国との関係性が垣間見える。

守護仁木氏①

室町時代を通じて伊賀国の守護は、千葉《ちば》氏や山名《やまな》氏が任じられることもあったが、仁木氏が主に任じられた。信長時代の守護は仁木長政。名ばかりの守護であり、実体は伴っていなかった。畿内近国では、伊勢国や丹波国にも仁木氏がいるが、伊賀の仁木氏との系譜関係ははっきりしない。

仁木氏は足利氏と同族で、足利義清《よしきよ》の孫実国《さねくに》が三河国《みかわ》額田《ぬかた》郡仁木郷に拠《よ》り、仁木太郎と称したのに始まる。足利尊氏《たかうじ》の時代に興隆し、丹波国、伊勢国、伊賀国などで守護職を得て室町幕府内で重用された。尊氏の死を契機に没落したこともあったが、伊勢国、丹波国、丹後《たんご》国、但馬《たじま》国などで守護職を得て復活。一時は、一族で九か国の守護を務めたこともあったが、応仁の乱で他家と同様に一族相争い、衰退していった。

興福寺大乗院門跡《もんぜき》の日記『大乗院寺社雑事記』文明九年（一四七七）十二月三十日条に各国の守護を記しているが、「伊賀国　仁木」とあり、守護と認識されていた。

その後、史料に見える伊賀国の仁木氏としては、永正《えいしょう》年間（一五〇四～二一）に仁木式部《しきぶの》少輔《しょう》入道、仁木刑部大輔《ぎょうぶのだいふ》が確認できる。享禄《きょうろく》年間（一五二八～三二）には仁木刑部大輔とともに仁木二郎も登場する。

天文年間（一五三二～五五）以降は、仁木刑部大輔（長頼《ながより》）、仁木（刑部大輔）弟民部少輔《みんぶのしょう》入道、仁木四郎、仁木右馬頭《うまのかみ》などが見えるが、系譜は不明。また、同時期に、丹波や伊勢の仁木氏も史料に登場するが、嫡庶も含めはっきりしない。今岡健治氏の研究によると、伊賀仁木氏の祖は、伊勢仁木氏の義長《よしなが》の子の義員《よしかず》とし、土橋《つちはし》氏を名乗る土橋四郎政長《まさなが》（応仁の乱の頃に活躍）はこの流れと推測している（「伊賀仁木家の系統と系図での位置付け」）。

また、在京している仁木氏もおり、伊賀仁木殿（刑部大輔）の屋敷も確認できる（『鹿王院《ろくおういん》文書』『慈照院《じしょういん》文書』）。地子銭《じしせん》（土地の地代）を徴収しており、京都に生活基盤があったことが窺《うかが》える。しかし、天文十八年（一五四九）六月、細川晴元《はるもと》（細川嫡流家当主）が江口《えぐち》の戦いで敗退したため、仁木氏も没落した（『鹿王院文書の研究』）。

足利一門略系図

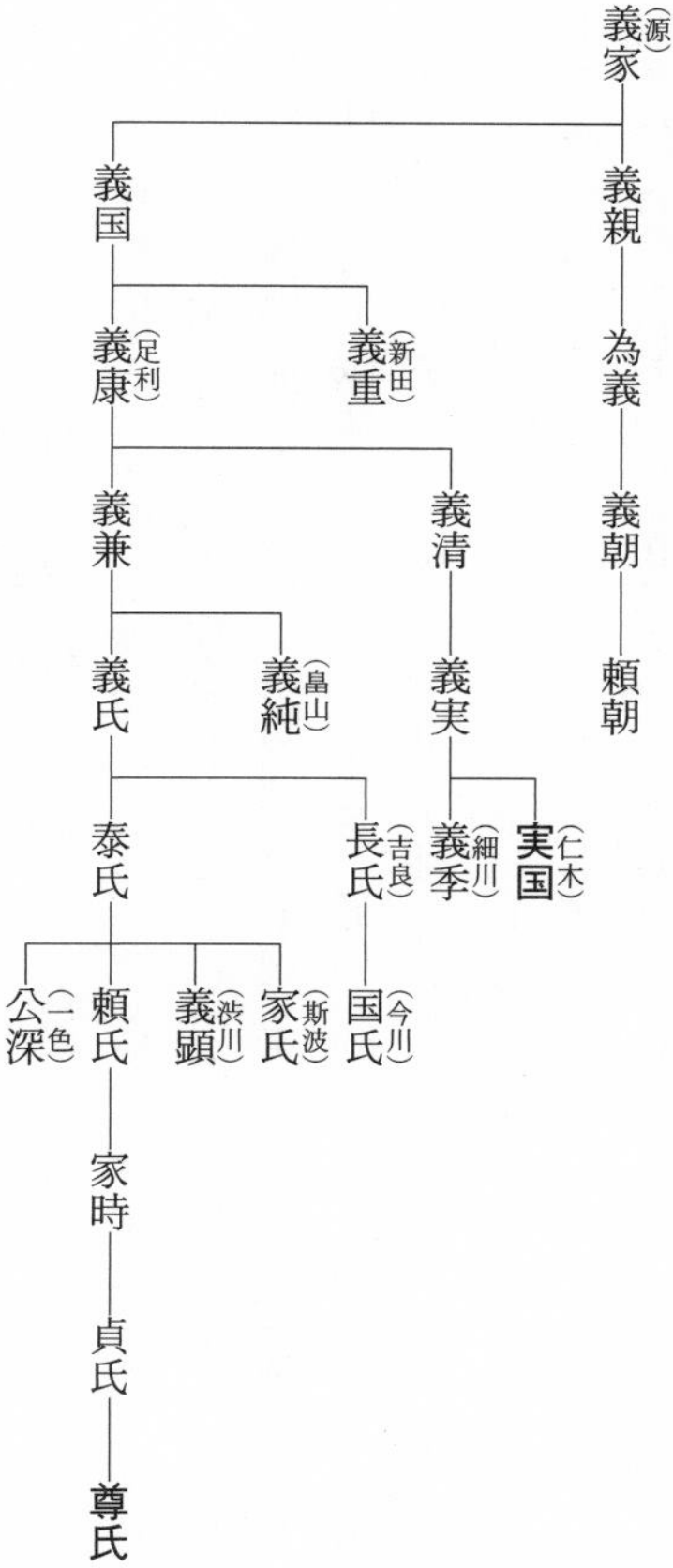

伊賀に在国していた仁木氏に関しては、当時伊賀に下向した時の記録を残している吉田兼右《よしだかねみぎ》（吉田神社神主）の日記『兼右卿記《かねみぎきょうき》』にわずかながら登場する。

戦国時代の仁木氏の系譜を再構築することは難しいが、稲本紀昭氏は「伊賀国守護と仁木氏（附録、伊賀国守護 幷《ならびに》 仁木氏関係資料）」において室町以降の仁木氏を整理している。室町期の仁木氏は、前述のように、伊勢国、丹波国、伊賀国にほぼ三家が分立していた。同論文では、諸史料を駆使することで、官途名、通称・幼名別に分類・整理。このうち、伊賀仁木氏については、天文年間には仁木刑部大輔の家督を継いだ四郎左 京 大夫《さきょうのだいぶ》長政、刑部大輔の弟七郎民部少輔が史料に現れるが、伊賀の仁木氏については「仁木諸系譜から全く落しており、誰《だれ》を祖として分立したかは不明」としている。

また、丹波や伊勢の仁木氏は在京して将軍権力に近侍したが、伊賀国の仁木氏は在国して同国守護職をほぼ世襲した、とする。しかし、中央においても伊賀国においても「伊賀仁木家の存在感は希薄」と指摘する。『兼見卿記別記《かねみきょうきべっき》』（天正八年の伊賀下向記）の記述から天正八年（一五八〇）には「仁木政親」が伊賀に在国していたとする（「仁木政親頼事也《なり》」）見解があるが、近年刊行された『兼見卿記』第七では、該当箇所は自筆本（金子拓《ひらく》氏のご教示）から「仁木殿親類中也」と読まれており、政親なる人物については訂正する必要がある。ただし、天正八年時点で仁木氏（守護の系譜を引く仁木氏の親類）が在国していたことは確かである。

永禄《えいろく》以降、伊賀国の仁木氏が登場する史料を時系列で確認してみる。

・永禄二年（一五五九）七月……三好長慶《みよしながよし》と結んだ「伊賀仁木殿」（『春日社家日記抄』）。
・永禄五年七月……幕府が近江国日吉社《ひえしゃ》礼拝講の国役《くにやく》（租税・諸役の一種）を命じ、伊賀の「仁木四郎」は神馬二頭（一頭は代金三百疋《ぴき》）を進上（『御礼拝講之記』）。伊賀仁木氏嫡流の通称は「四郎」と思われ、この四郎は後述の長政と同一人物の可能性が高い。
・永禄六年五月……将軍足利義輝《よしてる》の御伴衆《おともしゅう》「仁木七郎」（『光源院殿御代当参衆幷足軽以《こうげんいんどのごだいとざんしゅうならびにあしがるい》下衆覚《げのしゅうおぼえ》』）。後出する仁木七郎と同一人物だろう。
・永禄八年七月二十八日……のちの将軍足利義昭《よしあき》を伊賀の土橋《つちはし》で饗応《きょうおう》した「伊賀屋形」（『享禄天文之記』）。仁木長政と推測されている。
・永禄九年六月一日……松永久秀方として筒井勢と戦い、大安寺《だいあんじ》八幡《はちまん》の前で負傷した「仁木七郎殿」（『享禄天文之記』）。
・（永禄九年）七月十八日付……和田惟政《わだこれまさ》宛書状の差出人「仁木刑部大輔長頼」（『和田家文書』）。
・永禄十年二～八月頃までの間……足利義昭の外様衆《とざましゅう》「仁木左京大夫長政」（『光源院殿御

代当参衆并足軽以下衆覚』）。ただし、同史料では在国先は丹波。

- 永禄十一年三月十七日条（十七日は十六日の誤記と思われる）……吉田兼右に新城築城に際し地鎮祈念を依頼した「仁木左京大夫長政」（『兼右卿記』）。
- （永禄十二年）七月二十八日付……滝川一益《たきがわかずます》宛信長書状中に見える「伊賀仁木」（『新津秀三郎氏所蔵文書』）。
- 元亀四年（一五七三）正月一日……「多聞山《たもんやま》方」（松永久秀与党）として多聞山城籠城衆の交名《きょうみょう》（人名を列挙した文書）の中に、大和の国衆に交じって「伊賀仁木」（『尋憲記《じんけんき》』）が見える。
- （元亀四年）二月十一日付……一色藤長《いっしきふじなが》宛足利義昭御内書《ごないしょ》中に「仁木兵衛督《ひょうえのかみ》」（『古簡《こかん》』）が見える。この月、足利義昭与党として信長に叛旗を翻し、近江の石山《いしやま》の砦《とりで》に籠城した「仁木伊賀守義正《よしなり》」（『玉栄拾遺《ぎょくえいしゅうい》』）と同一人物か。
- （元亀四年）七月二十六日付……一色藤長宛本願寺顕如《けんにょ》書状中に義昭への使者の一人に「仁木右兵衛督」（『顕如上人文案』）が見える。前記兵衛督と同一人物だろう。
- 天正元年（一五七三）七月二十八日付……この日天正に改元されたが、「伊賀国司」が改元費用として百石を進上（『中原康雄記《なかはらやすおき》』）。
- 天正元年九月四日……この年、四月に信長の上京《かみぎょう》焼き討ちがあり、その兵乱で泉涌寺《せんにゅうじ》

（皇室菩提所《ぼだいしょ》）が被害を受け、正親町《おおぎまち》天皇は、その再興のため、「伊賀　仁木」に対して「万人勧進《かんじん》」に努めるよう求めた（『壬生《みぶ》家四巻之日記』）。

・天正二年十一月二日付……高倉《たかくら》神社の境内社の春日社棟札《むなふだ》に「仁木殿長政」、棟札に対応する墨書には「御屋形様」と記されている（『春日社棟札』『春日社墨書』）。

・天正四年三月七日……この日、茶人津田宗及《つだそうぎゅう》（堺《さかい》の豪商）の朝会に出席した「伊賀之にんき《（仁木）》殿之弟梅友軒」（『津田宗及自会記』）。

・天正八年十二月十三日条……吉田兼見（初名は兼和《かねかず》。以下兼見）が伊賀へ下向した時の日記中に「仁木殿」（『兼見卿記』）の親類が兼見に在京の望みを伝える。

・天正九年二月十一日条……吉田神社へ社参した近衛信基《のぶもと》（のち信尹《のぶただ》、三藐院《さんみゃくいん》。近衛前久《さきひさ》の子）のお供として「仁木入道」（『兼見卿記』）が見える。

以上が、信頼できる史料に見える伊賀国に関係がある仁木氏の動向である（本能寺の変以前）。伊賀国の守護家とその一族が混同している可能性もある。いずれにしても守護としての実態は確認できない。守護の「残影」として仁木氏が垣間見える程度である。

永禄以降の伊賀国の守護家と思われる仁木氏で確実なのは仁木左京大夫長政である。ただし、『光源院殿御代当参衆幷足軽以下衆覚』（光源院は第十三代将軍足利義輝。室町幕府の構成員を列記した番帳の一つで、前半は義輝、後半は義昭の番帳）では外様衆の中に記され、在国は丹波である。同覚の箇所は永禄十年（一五六七）頃の記録と思われ（黒嶋敏「『光源院殿御代当参衆并足軽以下衆覚』を読む」では永禄十年二月から同十一年五月の間と分析）、『兼右卿記』の記述と矛盾する。整合性を持たせるとすれば、丹波に在国していたが、義昭の上洛計画に合わせて一時的に伊賀に下向し、居城として新城を築城したのかもしれない。

長政のその後の動向もはっきりしない。長政に代わって登場するのが、仁木有梅軒（友梅）である。堺の茶人津田宗及の茶会の記録『津田宗及自会記』天正四年（一五七六）三月七日条によると、「梅友軒」は伊賀の仁木殿の弟とある。伊賀の仁木殿とは、守護の系譜を引く長政のことであろう。梅友軒は、安直な比定になるが、「有梅軒」と同一人物とみなしてもいいのではないか。地誌類には、左京大夫義視《よしみ》友梅と見える。

のちに触れるが、『武家事紀』によると、天正九年の伊賀平定後、織田信雄は「有梅」を取り立て、平楽寺を与えたという。本能寺の変後、信雄に一揆の蜂起を知らせたともいう（『勢州四家記《せいしゅうしけき》』）。

隣国である奈良興福寺多聞院の『多聞院日記』には、天正十一年（一五八三）十一月十七日条の「祐梅軒」を初見として、以降頻出するようになる（後述）。同十六年五月二十日条の「有梅軒」の終見まで彼の動向が記されている。大乗院の和歌会《わかえ》に出席する姿も記載されているが、彼の役割で最も目立つのは、医者としての姿である。天正十四年には、信長の舎弟織田信包《のぶかね》の息女を診療している。伊勢との関わりが深いことから伊勢国の仁木氏の流れの可能性もある。また、有梅には二位という息子がいたことも記録されている。忍びの者は医術や薬の調合にも秀でていたといわれるので、伊賀在国中に忍びの者から学んだのかもしれない。

守護仁木氏②

『多聞院日記』の面白い記述では、筒井順慶の後継となった筒井定次《さだつぐ》が大和国から伊賀国へ転封されるが、天正十三年（一五八五）二月十八日条に「仁木殿の息女、有梅の継子《ままこ》を、日《ひ》野《の》の蒲生《がもう》所に預け置くを、筒井四郎より競望《けいぼう》にて手懸《てかけ》の女中に沙汰《さた》、一定《いちじょう》〳〵の由也。美人か、色々苦労にて取られ了《おわんぬ》と云々」とある。

意訳すると、「仁木殿の息女で有梅の継子である女性が日野の蒲生氏に預けられていたが、筒井定次が強引に自分の側室にしようとした。これは事実のようである。美人なのであろうか、いろいろ苦労して側室にしたとのことである」。定次の好色ぶりが噂《うわさ》になっていたようだが、有梅は蒲生氏とも関係があったことが推測できる。

もう少し詳しく見ていこう。

永禄八年（一五六五）五月十九日、将軍足利義輝の御所が三好軍に襲撃されるという事件（永禄の変）が勃発した。義輝の次弟周暠《しゅうこう》（鹿苑院《ろくおんいん》）も暗殺されたが、興福寺一乗院《いちじょういん》門跡となっていた長弟の覚慶《かくけい》は、幽閉はされたものの命に別状はなく、松永久秀から生命の保証も受けていた。

しかし、二か月後の七月二十八日、覚慶（還俗《げんぞく》して義秋《よしあき》と名乗り、さらに義昭に改名。以下、義昭で統一）は幽閉されていた興福寺から脱出し、甲賀の和田惟政の屋敷に入った。この逃走途中、伊賀国を通過し、土橋（阿拝郡）というところで「伊賀屋形様よりご一献有る由なり」（『享禄天文之記』）、と仁木氏に饗応された。『兼右卿記』の記事から推測すると仁木左京大夫長政であろう。

翌永禄九年と推測されている和田惟政宛の七月十八日付仁木刑部大輔長頼書状によると、長頼は義昭から上洛に協力するよう御内書を受け取っている。『兼右卿記』には永禄十一年三月十七日（十六日）条に伊賀国内で新城を築城した「仁木左京大夫長政」が見えるが、長頼との関係は判然としない。同一人物とは思われないが、かといって年代が近すぎるので父子とも断定しがたい。左京大夫という格式のある官途から推測すると、長政は丹波から伊賀へ移り、そのため新たに居城が必要になったのかもしれない。

義昭は、のちに越前の朝倉義景《あさくらよしかげ》を頼ることになるが、『朝倉始末記』によると、仁木義政《よしまさ》

（義将）は義昭とともに越前に下向し、朝倉義景の饗応時には義昭とともに何度も相伴している姿が描かれ、義昭に次いで地位が高いことが窺える。信憑性《しんぴょうせい》の高い記録では、永禄十一年（一五六八）五月十七日の『義景亭御成之記録《よしかげていおなりのきろく》』には側近衆よりも上位に「仁木殿」と記載され、他の側近衆には見えない「殿」付で敬意が払われている。四月に義昭が元服した時も相伴している。義昭に近い存在であることから推測すると、前述のようにこの義政という人物は、左京大夫長政や刑部大輔長頼とも別人であり、前述の「仁木（右）兵衛督」と同一人かもしれない。

仁木氏に関する良質な史料が少なく、伊賀守護家の仁木氏の系譜を再構築することはできないが、義昭の大和脱出に協力し、義昭追放後、備後鞆《びんごとも》の浦《うら》へも同行し、最後まで義昭に従った仁木氏、信長に誼《よしみ》を通じ、伊賀国内で伊賀衆に擁立された仁木氏などがいたことは確かである。

なお、仁木の読み方は、『吾妻鏡《あずまかがみ》』などに、仁木のことを「日記」と記していることから、「にっき」と推測されている。『お湯殿《ゆどの》の上《うえ》の日記』の文明十七年（一四八五）五月二十二日・二十三日条にも「につき」とある。また、天文十九年（一五五〇）と推測されている十二月三日付の三好長慶書状案でも伊賀の仁木氏について「伊賀日記殿」と表記している（『鹿王院文書』）。『石山寺年代記録抄《いしやまでら》』にも元亀四年（一五七三）に将軍義昭方として挙兵した仁木伊賀守義正の箇所で「ニッキ」と読み仮名を振っている。『寛永諸家系図伝《かんえいしょかけいずでん》』や軍記類でも「につき」と振っているものがある。ただ、『津田宗及自会記』天正四年(一五七六)三月七日の朝会の出席者として「伊賀之にんき殿之弟梅友軒」とあり、信長の時代には「仁木」は「にんき」と呼ばれていた可能性もある。ちなみに名字の地である三河国の仁木は「にっき」である。

3　伊賀惣国一揆の実態

惣国一揆とは

惣国一揆に触れる前に、そもそも一揆とは何かということから考えてみよう。現代ではなかなか理解しにくい概念でもある。一揆といえば、江戸時代の百姓一揆や織田信長と死闘を演じた一向一揆《いっこういっき》が思い浮かぶ。加賀の国を「百姓の持《もち》たる国」と言わしめた加賀の一向一揆は著名である。また、室町時代には徳政《とくせい》を求める「土一揆《つちいっき》」も頻発した。一揆を結ぶなども表現される。

字義的には、「揆」を「一」にして団結する結合・組織(『中世史用語事典』)。揆を旗と捉《とら》え、一つの旗のもとに結集すること、という解釈もある。時代によって意味が変化する場合もあるが、簡単に言うと、領主層（支配者）に対し、下位のものが結束して対抗するという意味合いである。『邦訳日葡辞書《ほうやくにっぽじしょ》』では「主君に反抗する農民の蜂起、あるいは、反乱」と説明している。のちに触れるが、単に農民だけではなく、国衆も含めた層である。横のつながりを強くして上位者に対抗するものだが、全員が平等というわけでもなかった。

「惣国一揆」については、『日本歴史大事典』では「戦国時代、土豪・地侍層を中核に一国規模で成立した一揆・自治組織」と説明する。また、『日本中世史事典』は、「中世後期、畿内周辺で展開された重層構造をもった一揆。階層や身分を異にする諸一揆が重層的に結合し、「国」「郡」という地域を基盤にした自立的な連合が形成された」とし、対外勢力により、地域支配あるいは地域平和が危機に直面することが契機となり成立しているなどと解説している。

惣国（総国）は、字義的には国全体という意味だが、惣国といっても地理的に一国全体を指すとは限らない。また、一揆の構成員が惣国を標榜《ひょうぼう》したという見方もある。伊賀の場合も自ら「惣国」を名乗っている。

伊賀国には、有名な惣国一揆の掟書《おきてがき》（正文ではなく、控えや写しである案文）が残っている。近江甲賀郡の山中《やまなか》家が所蔵していたことから甲賀郡の惣国一揆の掟書と理解されていたが、石田善人氏が論文「甲賀郡中惣《ぐんちゅうそう》と伊賀惣国一揆」において、伊賀国の掟書であると看破した。内容はのちに紹介するが、掟書の中に甲賀郡のものとすれば説明のつかない文言があり、さらに「当国」と「甲賀郡」が別個のものとして記載されている。「惣国」「国中」と、「惣郡」「郡中」とは明瞭に区別されており、「惣国とは伊賀惣国の謂《いい》であって甲賀郡中のことではない」と鋭く指摘し、当該掟書が伊賀国の掟書であることが判明している。この「惣国」については、伊賀一国ではなく、北伊賀とする見方もある（久保文武『伊賀史叢考《そうこう》』、松山宏『伊賀惣国一揆掟をめぐって』、『三重県史』通史編中世）。また、伊賀惣国（通常時）と伊賀惣国一揆（非常時）は区別すべきという見方もある（呉座勇一『日本中世の領主一揆』）。

同掟書についての先行研究について概観しておこう。残念ながら、作成された年次についてはいまだに確定を見ていない。

石田氏は「当代の国一揆掟書の全文が知られる唯一の史料として重要な価値をもつ」と評価し、作成年代については「三好長慶が自立して細川氏綱《うじつな》を擁して、管領とし幕府の実権を掌握した天文二十一年（一五五二）二月以降（中略）織田信長に攻められて六角承禎《じょうてい》父子が本拠観音寺山《かんのんじやま》城を捨てて甲賀に逃げ込む永禄十一年九月までの霜月とするのが、最も妥当である」と推測している。永原慶二氏は、『中世内乱期の社会と民衆』で「信長の圧力がおよんだ永禄十一年」との説を唱えている。

郷土史家の久保文武氏は『伊賀史叢考』で詳しく分析し、永禄八年から翌九年の間と推測した。その理由として「三好三人衆による将軍義輝の殺害と、弟覚慶の伊賀・甲賀への逃亡、それを保護すべき六角氏の浅井《あざい》氏による大敗、引いては六角氏の覚慶への裏切り等々の情勢を眼前に見た伊賀衆が迫りくる新しい外敵、この時点では浅井か三好か織田信長かの判別がなかったであろうが、六角氏が伊賀に追われる時は、自分等は自己の力で虎口を守って、敵を国内に入れないという危機感のもとに「掟書」が成立した」と要約している。

最新研究としては、笠井賢治氏が「近年では永禄十二年（一五六九）十一月に作成されたとする説が有力になりつつある」（『織豊期研究』第二〇号所収「伊賀惣国の再検討」）と紹介し、その論考として藤田達生氏の「兵農分離と郷士《ごうし》制度」（『日本中・近世移行期の地域構造』）を挙げている。

藤田氏は、掟書に見える「三好方」に着目し、従来、「三好方」については、三好長慶、もしくは信長に敵対した三好三人衆（三好長逸《ながやす》、同宗渭《そうい》、石成友通《いわなりともみち》）と推定されていたが、信長から河内《かわち》半国を安堵《あんど》された三好義継《よしつぐ》（長慶の甥《おい》で養嗣子）や、その重臣で信長から大和一国を拝領した松永久秀と理解することも可能とした上で、永禄十二年（一五六九）に北畠氏が信長に降伏し、隣国の同盟勢力を失った伊賀惣国一揆は、いまだかつてないほどの軍事的緊張状態に直面し、さらに「西接する大和国の事態に対応して、筒井氏へも三好・松永両氏へも不介入の姿勢を、永禄十二年十一月に決定した」と結論している。

当該期の伊賀国の史料を博捜した稲本紀昭氏は、掟書から年次比定に結びつく文言を分析し、惣国一揆の契機となったのは大和国からの三好・松永勢の侵攻に対するものとした上で、該当する年次は永禄三年（一五六〇）と推定した（「室町・戦国期の伊賀国」）。同氏は『三重県史』通史編中世においても、掟書に記された四囲の緊張状態を、永禄三年十一月の三好・松永軍の大和宇陀郡への侵攻と分析し、永禄三年説を踏襲している。新井孝重氏も『東大寺領黒田荘の研究』で永禄三年説を支持している。

このほか、永禄五年から九年の見方もあるが、整理すると、永禄三年、同八〜九年、同十一年、同十二年に絞られよう。

伊賀惣国一揆の掟書

前置きが長くなったが、伊賀惣国一揆の掟書を見てみよう。後年、北畠（織田）信雄軍の撃退を可能とした重要な契機ともなり、これは惣国一揆の到達点ともいえた。長文だが、伊賀国の特性を見極める上で重要な史料なので全文を掲出する。

読みやすさの便を図り、読み下しにし、平仮名を漢字に、漢字を平仮名に改めた箇所がある。また、歴史的仮名遣いを現代仮名遣いに改めた。当て字の類いも現代に通用するものに変更した（以下の引用史料も同様）。掟書の最後にあるべき連判が見えないことから、正文ではなく、案文の一部と見られている（誤写なども含まれる）。
原文は十一条から成る一つ書《がき》（「一、……」と始める箇条書きのこと）だが、便宜上、順を示す数字をあてた。

惣国一揆掟のこと

一、他国より当国へ入るにおいては、惣国一味同心に防がるべく候《そうろう》こと。

二、国の者どもとりしきり候間《あいだ》、虎口より注進仕《つかまつ》るにおいては、里々鐘を鳴らし、時刻を移さず、在陣あるべく候。しからば兵粮《ひょうろう》・矢楯《やたて》を持たせられ、一途の間、虎口をくつろがざるように陣を張らるべく候こと。

三、上は五十、下は拾七をかぎり在陣あるべく候。永陣《ながじん》においては番勢たるべく候。しからば在々所々、武者大将を指し定められ、惣はその下知に相随《あいしたが》わるべく候。ならびに惣国諸寺の老部は、国豊饒《ほうじょう》の御祈禱《ごきとう》なされ、若き仁躰《にんたい》は在陣あるべく候こと。

四、惣国諸侍の被官《ひかん》中、国いかように成り行き候とも、主同前とある起請文《きしょうもん》を里々に書かるべく候こと。

五、国中の足軽他国へ行き候てさえ城を取ることに候間、国境に他国より城を仕り候て、足軽としてその城を取り、忠節仕る百姓これあらば、過分に褒美あるべく候。その身においては侍になさるべく候こと。
六、他国の人数引き入る仁躰、相定むるにおいては、惣国として兼日《けんじつ》に発向なされ、跡を削り、その一跡を寺社へ付け置かるべく候。ならびに国の様躰《ようだい》内通仕る輩《ともがら》あらば、他国の人数引き入る同前たるべく候。他国の人数引き入るとある物どもの仁躰これあらばこれを失い、誓段(断)にて曝《さら》さるべく候こと。
七、当国の諸侍または足軽によらず、三好方へ奉公に出らるまじく候こと。
八、国の弓矢判状送り候に承引なき仁躰候わば、親子兄弟をかぎり、拾か年弓矢の用に懸け申すまじく候。同じく一夜の宿、送り迎いともあるまじく候こと。
九、陣取りの在所にて味方乱妨《らんぼう》あるまじく候こと。
十、前々大和より当国へ対し不儀の働き数度これあることに候間、大和大将分牢人《ろうにん》許容あるまじく候こと。
十一、当国の儀は恙《つつが》なく相調い候、甲賀より合力の儀専一に候間、惣国出張として伊賀、甲賀境目にて、近日野寄合《のよりあい》あるべく候。
右掟連判をもって、定むるところくだんのごとし。
霜月十六日

簡単に各条を見ていこう。

第一条は、他国から伊賀国へ軍勢が侵攻してきた時には、一致団結して防戦すること。最も重要な項目である。

第二条は、他国から侵入者があったと連絡が入った時には、鐘を鳴らし、すぐに出陣すべきこと。兵糧や武器を持参し、侵入者を伊賀国内に入れないように在陣を続けること。

第三条は、十七歳（数え年。以下同様）から五十歳までの男子はすべて出陣すること。長期戦になった場合は、交代制にする。地域ごとに武者大将を選定し、その地域の者は武者大将の命令に従うべきこと。伊賀国内の寺院の者は、老齢の者は祈禱に励み、若者は出陣すべきこと。

第四条は、有力国衆に従っている家臣は、伊賀国がどのようになろうとも主人と運命を共にする、という起請文（書いた内容を神仏に誓う文書）をそれぞれの地域に対して認《したた》めるべきこと。

第五条は、伊賀国の足軽は他国へ出掛けてさえも城を奪取できる能力があるほどなので、伊賀国の国境に他国の者が城を構築することがあれば、その城を奪取すること。落城させるのに功績のあった百姓には褒美を取らせ、侍身分に取り立てる。

第六条は、もし他国からの侵略者を手引きするような者がいれば、惣国としてその者の後継者を排除し、財産などは寺社に預けること。また、伊賀国内の内情を敵側に内通する者がいれば、他国からの侵略者を手引きしたことと同罪とする。他国の軍勢を引き入れた者は衆議した上で処断する。

第七条は、伊賀国内の者は、侍でも足軽でも三好方に仕えてはならない。

第八条は、みなの者が決めたのに出陣しない者は、その者の親子・兄弟は十年間、合戦には参陣させない。一夜の宿を貸しても送迎してもならない。

第九条は、陣取りした在所では乱暴を働かないこと。

第十条は、前々から大和国は伊賀国に対して数度の不義の働きがあったので、大和国の大将分の牢人は許してはならない。

第十一条は、伊賀国は順調に衆議一決しているので、あとは甲賀からの協力が大事である。惣国として伊賀と甲賀の境目において、近日中に野外で協議する。

以上が掟書の概要になる。年次比定については永禄十二年説が有力になっているという見方があるが、すでに石田氏が指摘したように、この時点で「信長」のことにまったく触れていないことから、やはり信長の上洛以前とみるのが自然なように思われる。また、永禄十二年とすれば、甲賀衆や伊賀衆を頼っている六角氏は伊賀惣国が敵視している三好氏と結んでおり、情勢にそぐわない。具体的な年次について検討してみよう。

文面を見ると、他国からの軍事的侵攻に対して書かれたことが分かる。「他国」とは具体的にはどこになるのだろうか。隣接しているのは、近江国、山城国、大和国、伊勢国の四か国である。近江国の甲賀郡との協調関係を考慮すると近江国は除かれよう。侵攻ルートとしては大和国と伊勢国を想定していると思われる。大和国の場合、北部からは筒井勢、三好・松永勢、南部からは北畠氏の被官（上級の武士に従属する小領主）である宇陀三人衆（沢・秋《あき》山《やま》・芳野《ほうの》氏）、伊勢国の場合は北畠勢などの侵攻が想定される。

軍事的な緊張状態というのは、やはり稲本氏が指摘されるように、永禄三年（一五六〇）の蓋然性《がいぜんせい》が高い。大和からの圧力、とくに三好・松永に対する警戒であり、大和の大将分の牢人衆というのは、十市《とおち》氏、万歳《まんざい》氏、井戸《いど》氏、および沢氏らの大将分であろう（『続南行雑録《ぞくなんこうざつろく》』『足利季世記《あしかがきせいき》』）。実際に永禄三年に入って三好・松永勢は大和国への侵攻を加速させており、十一月には宇陀郡の檜牧城《ひのまき》などを次々に開城に追い込んでおり、緊迫感が増していたと思われる。

隣国近江の六角承禎は永禄二年（一五五九）と推測される二月十二日付で伊賀国の島原《しまがはら》諸侍に対し、また嫡男の義弼《よしすけ》（のち義治《よしはる》、義尭《よしたか》と改名）も同日付で伊賀の柘植荘同名中《どうみょうちゅう》（後述）に対し、三好方が伊賀国に対し「鬱憤《うっぷん》深重」と知らせ、共同戦線を呼びかけている（『山中恒三郎文書』『常善寺《じょうぜんじ》文書』『古今消息集』）。三好と伊賀国は互いに不倶戴天《ふぐたいてん》の敵となっており、永禄三年十一月、大和からの侵攻に備えて甲賀郡との同盟を働きかけたのであろう。

甲賀郡中惣との同盟

郡中惣《ぐんちゅうそう》とは、『日本中世史事典』によると、「戦国時代、国人、土豪などの在地領主層が緊迫した対外的危機に対して、地域防衛と在地支配のために、ほぼ郡規模で連合したもの」と説明している。近江国甲賀郡の甲賀五十三家などと呼ばれた在地領主層は、各家が血縁関係を中心に被官などとともに「同名中」を編成した。単に対外的危機に対する軍事的な連合にとどまらず、独自の法や裁判制度を持ち、地域の平和を維持し、在地支配を展開していた。その運営は各同名中から選出された十人による合議制で行われ、対外的危機に際しては惣《そう》荘《しょう》の百姓なども含めた重層構造の一揆で対処していた。

前述の掟書は惣国だが、これは郡単位と考えればいいだろう。伊賀国は、軍事的緊張の中、隣接する甲賀郡との協力関係を結んでいた。元亀四年（一五七三）には、甲賀郡中惣は、信長に対抗するため伊賀惣国一揆との同盟を申し込んでいる。『山中文書』中の某書状に記されているが、前欠、後欠で、しかも年月日欠の残簡文書である。

その文面には、以前甲賀と伊賀は同盟していたが、甲賀が危機に陥った時、伊賀衆は信長軍と渡りをつけて甲賀に協力しなかったが、今回、信長軍が甲賀を席捲《せっけん》すれば伊賀国も滅亡すると脅しをかけて協力を呼びかけている。年次については、後半部分に、将軍義昭が京都を脱出して槇島《まきのしま》城へ移る予定を記していることから、元亀四年六月下旬頃と推測できる。

その後、九月から織田軍が六角承禎の籠城する石部《いしべ》城や嫡男義弼が籠城する鯰江《なまずえ》城を攻めた時には、甲賀衆、伊賀衆が協力して織田軍と戦っている（『川合《かわい》文書』『古今消息集』）。

また、この年の第二次長島《ながしま》攻めの時には、撤退する信長軍に対し、伊賀・甲賀の優れた射手の者どもが猛射して織田軍を苦しめた（『信長公記』）。この年十二月七日には、伊賀惣国一揆は、甲賀郡中惣と伊賀、甲賀の境目を取り決めている（『伊賀国上柘植村弁近江国和田・五反田村山論関係文書』）。

共同戦線を張っている両者だったが、肝心の甲賀衆は翌年には六角承禎を見限り、信長に寝返っている。それでも伊賀衆は六角氏に協力した（『山中文書』）ものの、伊賀衆は孤立していくことになる。

第一章　乱勃発前夜

1　伊賀衆

国衆の乱立

伊賀国は、守護仁木氏の権力基盤が脆弱《ぜいじゃく》ということもあり、いわゆる国衆（在地を支配した領主。国人、土豪とほぼ同義）が惣国一揆を結成して伊賀国を主導的に支配していた。「国中侍どもその昔より天正九年まで主人なしと申し伝え候」（『岡山藩家中諸士家譜五音寄《ごおんよせ》』）、「国中の士、互いに加勢致し、他国に従わず罷《まか》り在り候」（『吉備温故秘録《きびおんこひろく》』）などと記される所以《ゆえん》である。他国のように守護仁木氏に代わって守護代《しゅごだい》（守護の代理人）が台頭するとか、その家臣が下剋上《げこくじょう》を起こすようなことはなかった。国衆の中から一等抜きん出る勢力も出てこなかった。いうなれば、どんぐりの背比べである。互いに同規模の城館を構え、相互に牽制しあったことで「戦国大名」は登場しなかった。他国に比べ国力が小さかったことも影響していよう。

他国からは「伊賀衆」とも表現されたが、その実態は、年代によって構成員は異なる。また、身分的には侍身分が中心だったものの百姓身分も含まれつつあった。

「衆」という表現については、紀伊国の「雑賀衆《さいかしゅう》」がよく知られているが、「党」とは違い、血縁関係を前提としない。伊賀国内でも「服部党」などの「党」が知られる。また、隣国の大和国でも「越智党《おちとう》」などが活躍した。基本的に、「党」は血縁関係で結ばれ、「衆」は地縁関係を紐帯《ちゅうたい》としていた。

戦国大名は輩出しなかったが、有力指導層ともいうべき支配層がいたのは確かなようである。『伊賀旧考』などによると、仁木友梅が伊賀に入国した後、十二人の有力者を評定衆として起用したとある。

十二人とは、百田藤兵衛《ももたとうべえ》（長田《ながた》）、福喜多将監《ふくきたしょうげん》（朝屋《ちょうや》）、町井左馬允貞信《まちいさまのじょうさだのぶ》（木興《きこ》）、田屋《たや》掃部介《かもんのすけ》（河合《かわい》）、音羽半六《おとばはんろく》（半兵衛とも。音羽）、富岡忠兵衛《とみおかちゅうべえ》（島原《しまがはら》）、小泉左京《こいずみさきょう》（依那具《いなぐ》）、中林助左衛門《なかばやしすけざえもん》（比土《ひど》）、布生大膳《ふのうだいぜん》（布生）、滝野十郎吉政《たきのじゅうろうよしまさ》（柏原《かしわら》）、植田豊前光信《うえだぶぜんみつのぶ》（下阿波《しもあわ》）、家喜《いえき》（家城）下総《しもうさ》（西沢）と記しているが、残念ながらこの十二人が実在したのかどうかも分からない。名字だけを見ると、実在した人物と同じ名字の者がいるが、やはりはっきりしない。なお、音羽半六は不確かであるとしているので、評定衆は十一人かもしれない。『勢陽雑記《せいようざっき》』などには、仁木伊賀守滅亡後、四郡の侍、仁木、柘植《つげ》、河合、服部、福地、福富、森田《もりた》など六十六人が一味同心して各自の城を守って一国を治め、平楽寺で評定をして起請文を認《したた》めたという。有力者が六十六人、そのうち十一人が代表者なのだろう。しかし、一次史料を見る限り、前述したように、天文十三年（一五四四）に本願寺を訪問した伊賀の代表者は十人（使者一人を加えて十一人）と思われ、甲賀郡との境目決定の連署でも「伊賀奉行十人」とある。この十人を良質な史料から確認するのは、これまた困難である。

少し時代は遡《さかのぼ》るが、伊賀国の有力者を知る良質な史料がある。近年発見された『米田《こめだ》家文書』である。のちに触れるが、信長の第一次上洛作戦に関する文書が含まれており、話題となった。また、明智光秀《あけちみつひで》の初出史料としても関心が高まった。もっとも、光秀が医者だったという拡大解釈がなされ、思わぬ副産物ももたらした。「二〇一三年の共同調査のおりに、熊本市内の個人宅で「発見」され、翌年、記者発表したもの」（山田貴司「明智光秀口伝の医術書「針薬方」の古文書学」）である。その成果の一端は村井祐樹氏が『古文書研究』第七八号に「幻の信長上洛作戦」と題した論考で紹介された。同文書によって伊賀国の有力者と思われる国衆が十数人確認することができる。伊賀の奉行衆十人は特定できないが、『米田家文書』に登場する彼ら十数人が伊賀国を代表する国衆だったと推測できよう（後述）。

一次史料に見る伊賀国①

信長時代の伊賀国についての史料は乏しい。寺社の記録や日記、武将らの書状や日記類も皆無に等しい。隣国の大和国には有力寺社が数多くあり、その記録の中には伊賀国の情報も断片的ながら記載されている場合がある。また、公家や武士、また連歌師《れんがし》らが伊賀国を通過、もしくは滞在した時の記録が若干残されている。これらのうち天正伊賀の乱に近い時代の記録を確認してみよう。

まずは、少し遡ることになるが、一条兼良《いちじょうかねよし》の『ふち河の記』から見ていこう。周知のように、一条兼良(一四〇二〜八一)は、室町中後期の大学者である。とくに有職故実《ゆうそくこじつ》(朝廷や武家の儀式などの先例・典拠)に通じ、「無双の才人」と評された当代随一の学者で、政道を論じた『樵談治要《しょうだんちよう》』などの著作がある。摂関家の一条家の家督を継ぎ、関白《かんぱく》、太政大臣《だじょうだいじん》などを歴任した。

『ふち河の記』(『藤河《ふじかわ》の記』)は、兼良晩年の著作である。美濃国の守護代で兼良のパトロンでもあった斎藤妙椿《さいとうみょうちん》からの誘いで美濃に下向した時の紀行である。藤河は不破《ふわ》の関を流れる藤川のことである。

文明五年(一四七三)五月二日、一条兼良は奈良から山城国の瓶原《みかのはら》を経て近江国の朝宮《あさみや》、さらに伊賀国を通過した。朝宮は近江国甲賀郡信楽《しがらき》に所在し、朝宮茶が知られているが、兼良は「伊賀の国あさ宮」と記している。山深いところでもあり、伊賀も甲賀も区別がつかなかったのかもしれないが、伊賀守護の仁木政長が信楽を支配していたため、誤認した可能性が指摘されている。

応仁の乱以来、国内が乱れ、新しい関所が乱立したさまを記し、旅行の妨げになるとこぼしている。「仁木などいえる」領主が新関を設けたとし、多少侮蔑《ぶべつてき》的な表現をしている。

帰路は、近江の水口《みなくち》から伊賀国の服部《はっとり》をめざしたが、洪水に阻まれたため、五月二十五日、阿山《あやま》の律院玉瀧寺《ぎょくりゅうじ》に宿泊した。本尊の薬師如来《やくしにょらい》を見て歌を詠み、翌二十六日は天候が回復したので、玉瀧寺を出発し、河合を経て菩提寺《ぼだいじ》をめざした。途中、右手に陽夫多《やぶた》神社を遠望して歌を詠み、河合と服部の間を流れる北川《きたがわ》は輿《こし》を用意してもらって渡河。さらに服部川も渡り、唐招提寺《とうしょうだいじ》の末寺である菩提寺に着き、「伊賀のともがら」に食事などの用意をしてもらった。翌日、「伊賀の者ども」が名残《なごり》を惜しんだため出発を遅らせて連泊した。二十八日、菩提寺を発《た》ち、木津川に沿って西行。上野《うえの》、小田《おた》を経由し、川嵩《かわかさ》が増していたため奈良への最短コースの田山《たやま》（南山城）越えを諦《あきら》め、笠置を経由するコースを採った。兼良の記述から山深いことが分かる。笠置川を舟で渡ると、奈良から迎えの者が来ていたので、伊賀から送ってきてくれた者たちを返し、帰路を急ぎ、興福寺成就院《じょうじゅいん》に帰着した。

伊賀守護の仁木氏のことや、河合、服部などの地名が確認できるほか、室町幕府の威令が届かず、関所が乱立していたことなどが判明する。北川を渡河した時、伊賀の住人に輿を担いでもらったが、これは「法印《ほういん》」の指示だったという。「法印」(「僧都《そうず》」とする写本もあると いう)が斎藤妙椿とすれば、伊賀衆は美濃の妙椿とのつながりを持っていた可能性が指摘されている。

次は、『紹巴富士見道記《じょうはふじみみちのき》』。連歌師里村《さとむら》紹巴が永禄十年(一五六七)、富士山見物へ赴いた時の紀行である。

織田信長や若き日の蒲生氏郷《うじさと》も登場する。甲賀を通って鈴鹿《すずか》の正法寺《しょうほうじ》に着いた時、「有梅軒とて、故ある後胤《こういん》なれば、なかなか記さず。予、入寺の日、伊賀へ行き給《たま》えるに留守より告げければ、夜をかけて帰り給えり」と記している。意味が取りづらいが、紹巴が訪問した時、有梅軒は伊賀へ出かけて留守だったため、留守居の者がその旨を知らせ、有梅軒は夜通しかけて帰宅し、紹巴と対面したのだろう。伊賀に関する記述はこれのみである。有梅軒というのは、正法寺内の庵《いおり》とも推測されているが、後述する仁木有梅軒との関係が想起される。ただし、通説では有梅軒は天正五年(一五七七)前後に伊賀衆から伊賀国を逐《お》われて甲賀に逃れたとされている。

三点目は、京都吉田神社の神主の記録である。当時の神主である吉田兼右・兼見父子は伊賀へ下向した経験があり、その時の記録が残っている。父の兼右は、弘治《こうじ》元年（一五五五）、永禄七年（一五六四）、永禄十一年の三回、伊賀国に赴いている。

兼右の弘治元年十一月十八日から二十一日までの日記断簡に伊賀国下向のことが記されている（島居清「吉田文庫の兼右自筆本について」三）。十一月十八日に伊賀国へ下向し、太神山《たなかみやま》（滋賀県大津市の不動寺《ふどうじ》）に宿泊。翌十九日太神山を出発し、下服部郷に着き、伊賀の国衆の迎えを受け、蓮華寺《れんげじ》に逗留《とうりゅう》した（『兼右卿記』）。翌二十日、国衆の挨拶《あいさつ》を受け、二十一日には当初の目的であった、神事を行っている。またこの日、伊賀一宮《いちのみや》である敢国《あえくに》神社の三神主（東《ひがし》・南《みなみ》・中西《なかにし》の三氏）の訪問を受けている。永禄十一年（一五六八）の伊賀下向時のように兼右は伊賀衆の要請を受けて下向したものであろう。国衆一体となって兼右を歓迎したものと思われるが、具体的な人名は見えない。

永禄七年（一五六四）の下向については、具体的なことは不明だが、兼右著『神道相承《しんとうそうじょう》抄《しょう》』に、永禄七年九月十三日、服部郷菩提寺の慶秀和尚に遷宮《せんぐう》次第（神体を移す時の情報）を伝授したとあることから、この時も伊賀国へ下向したと推測されている。『兼右卿記』の永禄六年から同八年までの日記のうち、「伊賀国下向事」を紛失しているので、首肯できよう。

永禄十一年（一五六八）の伊賀国下向については、『兼右卿記』に詳しい。永禄十一年三月、兼右は伊賀国衆からの要請で伊賀に下向し、二十日間ほど同国に滞在した。前月（二月）十一日に、服部郷の高田出羽守康久《たかだでわのかみやすひさ》から書状が届き、小田の若宮《わかみや》天神社遷宮の日取りについて返答している。

三月八日、伊賀に向けて出発し、この日は太神山に宿泊した。弘治元年（一五五五）と同じルートを採ったのだろう。翌九日、太神山を出発し、夕方、敢国神社に着き、近くの寺に泊まった。帰国するまでの間、国衆に関する記事が散見される。

三月十七日（十六日）条には、最近、新城を築城した仁木左京大夫長政が地鎮祈念を兼右に依頼している。この日午後、兼右は長政の新城に赴き、接待されている。このほか、服部郷の国衆として高田出羽守康久・三太郎父子、賀居屋《かいや》助左衛門尉、河合郷の松屋《まつや》三七郎、名張郡の竹内《たけうち》左衛門太郎らが確認できる。同日記の記述を見ると、守護と思われる仁木長政は特別扱いされている様子はなく、他の国衆とも連携している気配は感じられない。また、軍事的緊張も伝わってこない。

一次史料に見る伊賀国②

四点目は『中書家久公御上京日記《ちゅうしょいえひさこう》』。遠く薩摩《さつま》の島津《しまづ》又七郎家久《いえひさ》の伊勢神宮参詣《さんけい》の道中記である。家久は義久《よしひさ》、義弘《よしひろ》ら四兄弟の末弟で、薩摩藩初代藩主の又八郎家久（義弘の子）とは別人。天正三年（一五七五）二月二十日、居城の串木野《くしきの》（鹿児島県いちき串木野市）を出発し、京都なども経由しながら伊勢神宮に参拝し、七月二十日に帰着した。同史料は信長や明智光秀も登場するなど興味深い記録だが、伊賀国に関して見ていこう。

五月二十八日、甲賀郡の小川《おがわ》城から御斎峠《おとぎとうげ》を越えて伊賀入りし、阿保《あお》の竹室《たけむろ》三郎兵衛という者のところで一宿した。途中の小田市《おたいち》（阿拝《あえ》郡。以下、伊賀国内の地名は郡名で注す）、丸山（伊賀郡）に関所が設置されていたことが分かる。翌日は青山峠《あおやまとうげ》を越えて伊勢に入ったが、ここでも至る所に関所があったことが記されている。

帰路は六月三日に伊賀（伊勢国一志《いちし》郡の入道垣内《にゅうどうかいと》だが、家久は伊賀国と認識していた）入りし、中河《なかがわ》善十郎という者の宿へ泊まり、翌日は治田《はった》村（伊賀郡）の「くうや次郎左衛門」のところで一宿。その後奈良まで出て、筒井の城も見物している。中河などの人名が出てくるが、他の記録には見えない。関所の多さは『兼右卿記』や『二条宴乗記《にじょうえんじょうき》』（元亀二年十月十五日条。興福寺一乗院門跡の坊官宴乗の日記）でも確認できる。信長は永禄十一年（一五六八）に義昭を奉じて上洛した後、分国内の関所を撤廃する指示を出しているが、伊賀国は領国化されていなかったため、関所が乱立したままだったのだろう。

五点目は『兼見卿記』。前述の吉田兼右を継いで吉田神社の神主となった兼見の日記『兼見卿記』は、信長はもちろん、明智光秀や縁戚《えんせき》の細川藤孝《ふじたか》ら信長家臣も数多く登場する貴重な記録である。兼見は日常的な『兼見卿記』とは別に伊賀国への下向（天正五年と同八年の二回）を「別記」としてまとめている。天正五年（一五七七）は断片的だが、同八年は詳しい記述が残っている。

『兼見卿記』天正五年十月四日条を見ると、伊賀国から敢国神社の遷宮に関する使僧が上洛し、翌日には安田《やすだ》右近允《うこんのじょう》右宗（神人《じにん》）を下向させている。父兼右時代から伊賀国との関係が続いていたことが分かる。

別記を見ると、いよいよ同年十二月十二日に伊賀に下向し、兼右と同様に太神山に一宿。伊賀国からは前記弘春と年預衆《ねんよしゅう》（事務方）の二人が迎えに来ている。翌十三日は天候に恵まれ、難所も問題なく、満呂木橋《まろきばし》という場所に着き、そこには高田出羽守（康久だろう）らが出迎えに来ていた。夕方には到着し、すぐに一宮へ参り、遷宮のことについて差配した。その夜は、南氏、中西氏らの社家衆《しゃけしゅう》が礼に来ている。記録はこれのみである。

天正八年（一五八〇）十二月の伊賀下向については詳しく残っている。十二月六日に下向し、十七日に帰洛。十日余りの旅程になる。

十二月六日、早朝に出発して伊賀国に向かった。兼見は乗馬、同行の者は、中間《ちゅうげん》や人夫も含め二十人ほどの大人数である。弟の神龍院梵舜《しんりゅういんぼんしゅん》も同行した。いつものように太神山（不動寺）で一宿し、多羅尾氏の世話になっている。翌七日も早朝から出発の準備をして発足、この日も多羅尾氏から馬を借りるなどの世話を受け、丸柱《まるばしら》（阿拝郡）を経由し、昼過ぎには一宮に到着している。伊賀衆と確認できる人物としては、『兼右卿記』にも登場した賀居屋（甲居屋、甲斐屋とも）助左衛門尉のほか、沢村《さわむら》三次、小泉太郎左衛門尉らが確認できるが、素性ははっきりしない。

十二月十三日条には仁木氏に関する記述がある。仁木氏の親類（後述）の某が在京の希望があり、兼見に依頼し、兼見も尽力する旨を伝えている。甲賀の高峯《たかみね》勘十郎が帰洛の際、祈念のために立ち寄ってもらいたいと連絡があった。この高峯は、第一次上洛計画の時、義昭の使者となった「高勘」と同一人物もしくは後継者だろう（後述）。

一宮の祭礼の記事を見ると、守護の仁木氏は旗頭として差配するような権力者ではなく、あくまで侍衆の当番制で運営されており、ここからも惣国一揆に通じる権力体が見えてくる。『伊賀市史』では「伊賀国の侍衆は、一宮を核に一国単位で結集する一方で、荘郷《しょうごう》や村単位でも鎮守を通じて百姓層も含み込んだ結集を遂げており、そして吉田家あるいは唯一神道と結びつくことで、そうした地域結合の核となる社を整備し権威づけようとしていた」と指摘している。

最後にもう一つ。伊予板島丸串《いたじままるぐし》の城主西園寺《さいおんじ》宣久《のぶひさ》が天正四年（一五七六）七月、伊勢神宮に参詣した時の日記『伊勢参宮海陸之記』（『板島殿之事』）。残念ながら前欠である。

瀬戸内海を通って上京した後、鈴鹿山を越えて両宮（外宮《げくう》と内宮《ないくう》）に参拝し、帰路は多気《たげ》を経て奈良に出、瀬戸内海を航行して帰国するまでの約二か月の旅程の記録である。姫路《ひめじ》では黒田孝高《くろだよしたか》（官兵衛）、京都では所司代の村井貞勝《むらいさだかつ》、伊勢では北畠具教、同具豊《ともとよ》（織田信雄のこと）、大和では東大寺の焼け跡などにも言及している貴重な紀行である。ただし、伊賀に関しては、伊勢国仁柿《にがき》から櫃坂峠《ひっさかとうげ》を越え、多気、飼坂峠《かいさかとうげ》を経て三本松《さんぼんまつ》（大和と伊賀の国境）への伊勢街道を通過した記事があるくらいで、伊賀衆の記載はない。この時期は北畠具教が粛清される直前になるが、取り立てて不穏な様子は記されていない。

以上、伊賀衆数人が一次史料に登場する。高田出羽守は服部郷の侍であり、他の人物も有力者だったと思われるが、系譜は定かではない。ただ、地誌や軍記物には、一族と思われる人物が登場する。服部氏や高田氏は服部（阿拝郡）、沢村氏は甲野《こうの》（山田郡）や川東《かわひがし》（阿拝郡）、小泉氏は依那具（伊賀郡）などに見られる。伊賀衆が衰亡したため具体像は判然としないが、ここでは当時の史料にも伊賀衆が登場していることを確認しておきたい。

2　伊賀衆と他国との関係

近江六角氏との関係

近江国の六角氏は、近江源氏佐々木《ささき》氏の流れで鎌倉時代から守護として近江国南部を中心に支配していた。六角氏の祖となる佐々木泰綱《やすつな》が京都六角東洞院《ろっかくひがしのとういん》に屋敷を持っていたことから六角氏を名乗ったという。室町時代後期には、二度にわたって将軍の親征を受けたこともあるが、甲賀郡へ敗走し、さらには伊賀国へ落ち延びたりしている。将軍や三好氏とも敵対し、形勢不利となるや甲賀郡に逃走し、伊賀国にも助けを求めるのが、いわば常態化していた。

応仁の乱の頃も、六角高頼《たかより》は京極持清《きょうごくもちきよ》との戦いに敗北し、落人《おちゅうど》が伊賀に逃げ込んでいる（『大乗院寺社雑事記』）。六角氏と伊賀国の関係は古く、長禄二年（一四五八）三月には、伊賀衆二百人を六角氏の被官に組み入れている。こうした背景があったからこそ、伊賀国まで「撤退」したのだろう。

のちに触れるが、信長の時代も同様の動きをしたが、結局は歴代の六角氏のようにはうまくいかず、そのまま没落していくことになる。

名門六角氏ではあったが、その支配体制は不安定だった。戦国大名ともいうべき六角定頼《さだより》（一四九五〜一五五二）が出るに及んで全盛期を迎える。後年、信長は安土《あづち》城内に、定頼（江《こう》雲寺殿《うんじどの》）に由来する「江雲寺御殿」を造営しているが、六角氏への敬意の表れともいわれる。定頼は細川晴元の岳父として畿内の権力闘争にも関わったが、天文十八年（一五四九）正月、伊賀衆は六角氏との縁から晴元勢に加担している（『足利季世記』）。

定頼を継いだ義賢《よしかた》（承禎）も伊賀国との関係を続けている。永禄二年（一五五九）と推測されている二月十二日付の島原（阿拝郡）諸侍中宛の六角承禎の書状（『山中恒三郎氏文書』）には、対三好軍への加勢を要請し、同日付で嫡男の義弼も柘植庄（阿拝郡）同名中宛に同様の書状（『古今消息集』）を認めている。文書中には「その国」（伊賀国）という文言が見えるので、伊賀一国に対して呼びかけていたと思われる。

信長時代の六角氏は、承禎・義弼父子の代になるが、永禄六年（一五六三）十月、義弼が父承禎に無断で有力家臣の後藤賢豊《ごとうかたとよ》父子を殺害したことで家臣から猛反発を受け、承禎・義弼父子は家臣団から観音寺《かんのんじ》城を逐われてしまった（観音寺騒動）。その後、家臣の蒲生氏らの仲介もあって観音寺城に復帰することができたが、同十年四月には、当主の権限を制約する「六角氏式目《しきもく》」を承認する羽目になり、守護としての権力を大きく低下させた。

この翌年、信長が将軍候補の足利義昭を奉じて上洛軍を起こしたが、六角氏にはもはや組織立って抵抗する力はなかった。

信長は、これに先立ち、永禄十年（一五六七）八月には稲葉山《いなばやま》城（のちの岐阜《ぎふ》城）を攻略し、本国の尾張に加え、美濃および北伊勢をも領国とする大大名に成長していた。翌年七月には越前の朝倉氏に亡命していた義昭を岐阜に迎え、上洛準備を進めることになる。

対信長で共同戦線

信長は、上洛進路となる北近江の浅井氏には妹「お市《いち》」を嫁がせて姻戚関係を結び、京都までの路程では南近江の六角氏の懐柔のみが課題となっていた。六角氏は、当初は義昭を庇《ひ》護《ご》する姿勢を見せていたが、反義昭である三好氏と誼《よしみ》を結び、信長・義昭陣営とは敵対に近い関係になっていた。

上洛直前の永禄十一年（一五六八）八月七日、信長自身が佐和山《さわやま》城まで出向き、そこから義昭の使者に自分の家臣も同行させて観音寺城の六角承禎に対し、人質を義昭に差し出して上洛軍に協力するよう七日間にわたって説得した。義昭が晴れて将軍職に就けば、承禎を「天下の所司代《しょしだい》」（いわば京都代官）に任じると持ちかけたが、承禎は拒否の姿勢を貫いた。信長は、この上は武力討伐しかないと決意し、いったん岐阜に帰城。改めて九月七日、三河の徳川家康《とくがわいえやす》の援軍も合わせた四万余とも六万ともいわれる大軍を率いて上洛の途に就いた。

承禎も迎撃態勢を整えていたが、信長は同月十二日、六角氏の支城群には構わず、本城である観音寺城に近接する箕作《みつくり》城を一万人で力攻めした。信長方も「手負い数を知らず」という難戦となり、これを見た信長が激怒し、新手《あらて》を繰り出して猛攻を加えて落城に追い込んだ（『足利義昭入洛記』）。翌日、観音寺城の攻略に取り掛かろうとしたが、承禎父子は夜中に自落して甲賀へ逃走した。承禎父子は箕作城攻めの様子を見て怖気《おじけ》づいたのだろう。これまでの六角氏よろしく、幕府軍との戦闘と同様の常套《じょうとう》手段をとった。南近江の国衆たちは六角氏に殉じる意思はなく、織田軍に恐れをなし、自落した城や降伏が相次ぎ、瞬く間に南近江を制圧する成果を収めた。『永禄以来年代記』は、「国衆皆《みな》降参、佐々木父子三人、伊賀国へ落ち行く」と記録している。

承禎父子は甲賀を経由して伊賀国にまで逃走した。甲賀郡まで信長軍が侵攻してくると恐れて伊賀国まで逃げ延びたのだろう。同年と思われる九月二十一日付の伊賀国友田《ともだ》(鞆田、阿拝郡)の山内《やまうち》氏宛の承禎書状写《うつし》によると、音羽(阿拝郡)に逃げ込んで滞在していたことが分かる。また、九月晦日《みそか》(三十日)付の山中新三郎宛の義弼の書状によると、義弼も伊賀国へ移っていることが確認できる。承禎は、軍事行動で信長軍を圧倒することが難しいため鉄砲の名手杉谷善住坊《すぎたにぜんじゅうぼう》に命じ、元亀元年(一五七〇)五月、越前攻めに失敗した信長が京都から岐阜へ帰国する道中で狙撃《そげき》させたものの、暗殺は失敗に帰した。のち善住坊は捕らえられ、極刑に処された。

翌六月には、南近江で一揆を煽動《せんどう》して野洲川《やすがわ》で佐久間信盛《さくまのぶもり》・柴田勝家《しばたかついえ》の軍勢と一戦を交えたが、譜代の家臣のほか、伊賀衆と甲賀衆を合わせて七百八十人も討ち取られて敗退している。地盤とする甲賀衆に加え、伊賀衆も参陣していたのは、伊賀国にも動員を呼びかけていたからだろう。十月には三雲《みくも》氏の居城の菩提寺に入って敵対行動に出たが、人数が揃《そろ》わないため合戦にすらならず、本願寺も一向一揆を蜂起させて通路を遮断《しゃだん》させようとしたが、木下《きのした》（羽柴）秀吉と丹羽長秀《にわながひで》の軍勢に一蹴《いっしゅう》された。結局、十一月には信長と和睦《わぼく》している。

その後、和睦は破れ、六角氏は各地で「蠢動《しゅんどう》」を続け、義弼は元亀四年（一五七三。七月に改元して天正元年）三月二十八日から鯰江《なまずえ》城に籠城したが、織田軍の包囲を受ける。鯰江城は持ちこたえたが、百済寺《ひゃくさいじ》が六角氏や一向一揆と気脈を通じていたことが発覚したため、百済寺は信長軍から焼き討ちされた。将軍義昭、浅井・朝倉連合軍、さらには大坂本願寺や武田《たけだ》氏とも連携して蜂起したが、頼みの武田信玄《しんげん》が病死し、将軍義昭は追放、朝倉・浅井氏も相次いで滅亡するに及び、九月には柴田勝家が鯰江城に総攻撃を仕掛け、同城は落城。義弼は退去し、父承禎が籠城する甲賀口の石部城に退散した。この直後の（天正元年）十月二日、承禎は河合（阿拝郡）の山内氏に対し、「近年牢籠《ろうろう》に種々馳走《ちそう》ども祝着に候」と忠節を賞し、知行《ちぎょう》（所領）を宛行《あてが》っている（『川合文書』）。ただし、どこまで実効性が伴ったのかは疑問である。

この間、義弼は年次未詳の五月十一日付で鞆田の山内氏に対し、当国（伊賀国）に逗留して世話になっていることなどに対する礼として知行を与えている。父承禎ともども世話になっていたのだろう。署名は「義治」。義弼は、永禄七年（一五六四）頃に義治に改名し、その後、元亀四年（一五七三）頃には義尭に改名している。同書状の年次は、観音寺城没落以後であることから永禄十二年以降、元亀四年までになる。使者となっている河合は、伊賀の河合氏である。この間、伊賀で再起を図っていたことが判明する。

しかし、六角氏の退勢は覆うべくもなく、天正二年（一五七四）四月十三日、最後の拠点ともいうべき石部城も退散した。組織立った抵抗は、結果的にはこれが最後となった。甲斐《かい》の武田氏と連携していたこともあり、義弼の弟二郎（次郎左衛門、賢永《かたなが》）は武田氏への使者として派遣され、そのまま甲斐に留まったようである。天正十年の武田攻めの時、生け捕られて処断されている。義弼は、信長に追放された義昭に付き従い、毛利領国の備後鞆の浦まで行を共にし、反信長の動きを続けた。しかし、承禎自身の動きははっきりしない。

六角氏と敵対関係にあった北近江の浅井長政《ながまさ》も伊賀衆と関係を持っていた。永禄四年（一五六一）、六角方の太尾城《ふとお》（滋賀県米原市）の攻撃に際し、伊賀衆を傭兵として参陣させている。城中に忍び込んで放火させ、それを合図に総攻撃を仕掛ける作戦を遂行している。領国内の飯福寺《はんぷくじ》に対し、伊賀衆への支払いの立て替えを依頼したこともあった（『島記録』『飯福寺文書』）。

この時は、臨時の傭兵だったようで、元亀元年（一五七〇）に長政が信長を裏切った後、伊賀衆が織田方となったこともあった。元亀年間と推測できる六月四日付の今井《いまい》秀形宛浅井長政書状（『中村不能斎採集文書』）によると、五月二十九日夜、柴田勝家と木下秀吉らが伊賀衆を動員して小谷城《おだに》の麓《ふもと》まで進軍してきたが、防御態勢を整えて撃退し、追撃の時に鉄砲を撃ちかけると、武器を捨てて敗走したという。「伊賀衆」といっても一枚岩でなく、それぞれ集団で独自に軍事行動していたと思われ、伊賀惣国が敵になったとはいえない。たとえば、十二月二十日付（年次未詳）の石成友通（三好三人衆の一人）らに宛てた松永久秀書状には、久秀の敵方（多武峯《とうのみね》）が伊賀衆二百人ほどを呼び寄せたとし、この情報は伊賀からもたらされたものであり確かであると伝えている（『柳生《やぎゅう》文書』）。情報統制どころか、敵方へ情報を流しており、伊賀国内でも利害が異なっていたのだろう。

伊勢北畠氏との関係

伊勢国司北畠氏は、信長の時代には南伊勢五郡に加え、地理的な要因もあり、本拠の多気《たげ》御所に近い大和国宇陀郡の沢・秋山・芳野《ほうの》氏の三家（宇陀三人衆）を麾下に宇陀郡にも影響力を持っていた。『勢州四家記』は、伊賀国は仁木氏が守護だが、このうち名張郡、伊賀郡の諸侍は北畠氏に従ったという認識である。

稲本紀昭氏は、北畠氏の権力構造について「中世後期、南伊勢（ときには北伊勢も）、伊賀、志摩《しま》の一部、大和国宇陀郡という広大な地域に存在した政治権力であった」（「北畠氏発給文書の基礎的研究」上）と評価している。

信長の時代の当主は北畠具教である（一二四頁の系図参照）。父は晴具《はるとも》、母は細川高国《たかくに》（幕府管領）の息女。正室は六角承禎の息女であり、六角氏との結びつきも強い。

一族には、木造《こつくり》、大河内《おかわち》、坂内《さかない》、田丸《たまる》（玉丸）、星合《ほしあい》などがあり、独立の気風も強かった。具教の実弟は一族の木造家に入り、木造具政《ともまさ》と名乗ったが、信長の北畠攻めの機会を演出したのはこの具政であった。

北畠氏と伊賀衆との関係については、北畠氏の家臣を記した史料『伊勢国司諸侍役付』に伊賀衆が記載されていることから窺える。良質な史料とは言いがたいが、多少の参考にはなる。同史料は類書も多いが、約七十人の名前と拠点が記されている。実在が確認できない人物も多いが、城主クラスなど主な者を拾ってみよう。

肩書	役割	備考	人名
霧生《きりう》城主	伊賀口の鎮め	子孫は津《つ》に居す	福山出雲守《ふくやまいずものかみ》
名張城主	伊賀国の旗頭	甲斐源氏武田氏の一族	下山《しもやま》甲斐守
名張城主		大江源氏	安保若狭守《あおわかさのかみ》
高尾《たかお》城主			結城左近将監《ゆうきさこんしょうげん》

弓大将		大河内合戦で活躍	諸木《もろき》伝助
友之尾《とものお》（友生《とものお》）城主		敏達《びだつ》天皇末裔《まつえい》	杉村《すぎむら》外記進《げきのしん》
柘植城主			柘植福地《ふくち》二郎《じろう》
木造御所長者		逆心により害される	柘植三郎左衛門
川合（河合）城主	阿拝郡旗頭	服部一族	河合兵蔵
乙和《おとわ》（音羽）城主			青山和泉守《あおやまいずみのかみ》
丸山城主			森田入道浄雲《じょううん》
楯岡《たておか》の住人		信長を鉄砲で狙撃	楯岡道順《どうじゅん》入道

多気《たげ》を本拠とした北畠氏にとっては大和国宇陀郡の宇陀三人衆の拠点とともに西側の防衛拠点として期待された。霧生、高尾は旧青山町に所在し、初瀬街道周辺の山間部に位置する。北伊賀の友生、柘植、川合、音羽の城主らも麾下にしているが、やはり地域的には南伊賀との結びつきが強かったと思われる。

北畠氏は、南伊勢を中心に勢力を扶植していたが、永禄十二年（一五六九）八月、織田軍の侵攻を受けることになる。信長は、基本的には敵対しない限り領土拡大を積極的に行っていないという最新研究もあるが、この北畠攻めについては当てはまらないようである。直接のきっかけは、北畠一族の木造氏が北畠氏に叛旗を翻したことで北畠氏からの攻撃を受け、信長は後詰《ごづめ》（援軍）として出陣したという流れである。しかし、のちに触れるが、北畠攻めの要因は、信長の上洛軍に協力しなかったことが根底にあったと思われる。

さて、北畠攻めの時の伊賀衆の対応を見てみよう。『足利季世記』には「伊勢一国平均《いっこくへいぎん》に治めば伊賀も国司に随《したが》うともがら多ければ自ら手に入るべし」と記しており、北畠氏と一体と見られていた。実際、「伊賀衆」は北畠氏の与党として援護射撃を展開しようとしていた。

興福寺多聞院の『多聞院日記』永禄十二年（一五六九）九月七日条に信長の北畠攻めについての風聞が記されている。「去月二十日、信長人数八万余騎にて勢州へ入る、大略落居にて本所は大河内の城に御座（中略）昨日六日、松永右衛門佐ならびに竹下《たけした》同道、見舞いとして勢州へ越すべきの由の処、合戦悪くて人数数多損じ、甲賀衆、伊賀惣国催して江州一揆蜂起かの由、沙汰の間、十日まで延引云々」。

大意は「信長軍は、八月二十日、八万余騎を率いて伊勢に侵攻し、大半を平定したが、北畠具教は大河内城で籠城を続けている。九月六日には松永久通《ひさみち》（久秀の嫡男）らが陣中見舞いに大和国から伊勢へ赴く予定にしていたとのことである。しかし、信長方が不利となって多くの兵を損じた。これは甲賀衆と伊賀惣国が協力して江州一揆を蜂起させたためという情報が流れてきた。このため久通らは陣中見舞いを十日まで延期したという」となろうか。

「伊賀惣国催して」とあるが、実際に惣国だったかどうかは分からない。甲賀衆と協力して近江で一揆を起こしたというのなら、北伊賀の可能性もあり、北畠氏の姻戚である六角氏が絡んでいたのかもしれない。

信長軍が八万余騎というのはそのままには信じられないが、大軍ということを故意に流していたのだろう。出陣日の八月二十日というのは他の記録にもあり、信用できよう。『信長公記』には、九月九日、滝川一益が北畠氏の本拠の多芸谷《たげたに》の御殿などを焼き払ったことで危機感を募らせた北畠氏側から和を請うてきた、としている。実際には、大河内城攻めは膠着《こうちゃく》状態に陥り、信長は次男の茶筅《ちゃせん》（信雄）を北畠具教の嫡子具房《ともふさ》の養子として送り込むことで和睦した。将軍義昭は、十月五日付で具教に対し、和睦に応じるように御内書《ごないしょ》を下している（『古簡雑纂《こかんざっさん》』）が、すでに前日には具教・具房父子は大河内城を信長方に引き渡して退去した後だった。

信雄は具教の養子ではなく、具教の息女を娶《めと》った上で、具教の家督を継いでいた嫡男具房の後嗣候補として北畠入りしたと推測されている。具房は信雄より十一歳年長。単なる養子ではなく、苦戦後の和睦であり、実質的な人質とみる見方もある。義父ともいえる具房は肥満体だったようで、「ふとりの御所」「大腹《おおはら》御所」といった異名が伝わっている。後年、具教は信長の命令で粛清されるが、具房は一命を助けられた。ただし、軟禁状態に置かれ、天正八年（一五八〇）正月五日に没している。三十四歳と伝わる（『年代和歌抄』）。北畠具教の粛清については天正伊賀の乱の端緒の一つとも捉えられることから、後述する。

大和の国衆らとの関係

畠山氏は応仁の乱の原因となった管領家だが、この時代には勢威を落としていた。それでも、河内、紀州、南大和に影響力を持っていた（北陸などの畠山氏は別）。しかし、伊賀国への直接的な軍事行動は確認できない。

大和国は興福寺が事実上の守護と目されており、一国を代表する大名は出現しなかった。外部からは赤沢朝経《あかざわともつね》（沢蔵軒宗益《たくぞうけんそうえき》）、木沢長政、安見《やすみ》（遊佐《ゆざ》）宗房《むねふさ》ら畿内有数の下剋上《げこくじょう》男が相次いで大和国へ乱入してきたが、結局は没落していった。大和国衆では古市《ふるいち》氏、越智氏、筒井氏らが一頭地を抜く実力があったものの、永禄二年（一五五九）、三好長慶の家臣松永久秀が大和国に本格的に進出してきたことで国内を巻き込む動乱に発展した。

少し時間軸を戻すと、応仁の乱の余波は、否が応でも伊賀国にも影響を及ぼした。明応六年（一四九七）十一月、大和を代表する国衆の古市氏が伊賀に逃れたこと、永正三年（一五〇六）八月、伊賀衆が筒井氏に味方して出陣予定したこと、大永《たいえい》四年（一五二四）九月、伊賀の仁木七郎が大和国衆の小柳生《こやぎゅう》氏と狭川《さがわ》氏との争いで小柳生氏に加担して敗北したこと、などが大和の記録『大乗院寺社雑事記』『多聞院日記』『続南行雑録』に見える。

また、天文十年（一五四一）十二月には、伊勢と伊賀の軍勢が大和へ乱入してくるという噂もあった（『大舘常興日記《おおだちじょうこう》』）。その後も大和国の筒井氏らと伊賀衆との小競り合いは続き、元亀元年（一五七〇）の筒井対松永の争いにも「伊賀衆」が介入するなど、隣国であるだけに関係も深かった。天文年間には、興福寺が一向一揆の蜂起に対し、伊賀惣国に軍事協力を呼びかけたこともあった（『学侶引付写《がくりょひきつけうつし》』）。

前述のように、永禄二年（一五五九）、三好勢は大和国へ乱入し、筒井氏らを攻撃したが、伊賀守護の「仁木殿」は三好方として大和の柳生《やぎゅう》氏とも結び、筒井氏を敵として大和国に侵攻した。この頃の大和国内は、畠山氏の家臣から台頭した安見宗房が大和国へ食指を伸ばし筒井順慶と手を組み、それに対し、三好長慶は、畠山氏らと組み、三好方が有利に戦いを進めていた。

大局的には「永禄二年の大和の戦いは、侵略者の松永久秀と大和を守護する筒井順慶の戦いという単純な構図ではなく、三好氏対安見氏という畿内全体を巻き込む戦争の一環であった」（天野忠幸『松永久秀と下剋上』）と評価されている。付言すると、前述のように伊賀国をも巻き込んだ戦いでもあった。前述したように、三好を敵とみなす「伊賀惣国一揆」の掟書の成立が翌永禄三年（一五六〇）とすれば、この大和国への侵攻で三好氏の不実な行為があったのだろう。

永禄五年と推定されている十二月二十日付松永久秀の書状を見ると、久秀の敵方（大和国多武峯）が「伊賀衆」を呼び寄せた情報を記している（前述）。その後、『多聞院日記』元亀元年（一五七〇）六月六日条を見ると、松永久秀父子が福住城《ふくすみ》（奈良県天理市）を攻撃したが、同城には「伊賀衆」も数多く詰めていたと記されている。なお、同日記には、伊賀の番匠《ばんじょう》（大工）や材木のこと、また伊賀の杉原専千代《すぎはらせんちよ》などのことが記されており、伊賀国との交流が垣間見える。

『二条宴乗記』元亀元年八月二日条には「晦日に細井戸城《ほそいど》、箸尾《はしお》より居取由《いどる》、伊賀衆四十二人ばかり入る由」とあり、七月二十九日、大和の四大国衆の一家である箸尾氏が細井戸城（奈良県広陵町）に入城し、伊賀衆が守備に就いたということだろう。また、元亀二年十一月十日条には法蓮《ほうれん》三郎の家を伊賀者が申し受けて被官になった記事がある。伊賀者の正体は不明だが、大和との密接な関係が窺えよう。

ちなみに、山城国については、『多聞院日記』天文十年（一五四一）十一月二十六日条によると、「今朝、伊賀衆、笠置城忍び入て少々坊舎放火、そのほか所々少（小）屋を焼き……」（前述）という伊賀衆の記事が載る。後醍醐《ごだいご》天皇が入ったことでも知られる笠置城には木沢長政の甥が甲賀衆七、八十人と籠城していたが、二十八日には、木沢方が打って出て、伊賀衆は敗戦して退却、三十人余りが討死したという。笠置城は山城国といっても、大和国柳生に隣接し、伊賀国からも木津川沿いに西進すれば至近距離である。この伊賀衆も傭兵的に雇われていたのだろう。

3　忍びの者

忍びの者の実態

伊賀衆の名前を高らしめているのが「忍びの術」であり、伊賀者といえば、甲賀者と並び、「忍者」の代名詞にもなっている。伝説によれば、中国の徐福《じょふく》（秦《しん》の始皇帝に仕え、神仙の術を行ったとされる）が日本に渡来し、忍術を伝えたという。「間者《かんじゃ》」「間諜《かんちょう》」「諜者《ちょうしゃ》」と同義語でもある。

『武家名目抄』（『増訂故実叢書』）には、「忍者」の項目を掲出し、『太平記《たいへいき》』など軍記物の引用が多いものの、忍者の事例を取り上げている。編者は「他国に潜行して敵の形勢を観察し、あるいは敵軍に紛れて敵の城に入って放火し、また刺客となって人を殺すなどの行為の多くは忍びの仕業である」と説明する。また、「伊賀国や甲賀は地侍が多いところなので応仁以後は各党を立てて日夜戦争を事とし、窃盗や強盗もするようになり自《おの》ずから間諜の術に長ずる者が多く出てきて、大名諸家は彼ら地侍を養って忍びの役に従わせることが常となり、伊賀者、甲賀者と呼ばれる者が諸国に広がっていった」などと分析する。

「忍者」という言葉は江戸時代になってから登場したと思われるが、読みは「にんじゃ」ではなく、「しのびのもの」である。

「忍者」は、テレビや映画、アニメにも登場し、現実とはかなりかけ離れたイメージが浸透している。黒装束に身を包み、手裏剣を投げ、超人的な能力を発揮する。当然ながら、スーパーマンのような忍者は存在しない。当時の忍びの者の実態と異なるのは当然だろう。問題は、すべてが架空かというと、まんざらそうでもなさそうである。これが難しい。超人的に描かれ過ぎているだけであり、かなりの能力を備えていた忍びの者もいただろう。ただ、個人的な能力よりも集団で大きな力を発揮したのが大きな特徴だろう。もちろん、情報収集などでは個人的な力量も必要であったと思われる。

近年、国際忍者学会が発足し、飛躍的な研究の進展が期待されている。日本全国に「忍者」の役割を果たした者がいたことが徐々に明らかになりつつある。「忍者」を指す言葉は、地方によって異なり、「草《くさ》」「乱波《らっぱ》」「透波《すっぱ》」「かまり」「伏《ふせ》」などの名称が知られているが、単純に同義語というわけでもない。待ち伏せのことを九州地方では「伏草《ふしくさ》」というが、草に関連するのは、草の中に隠れる、草むらに伏せて隠れるといった意味と通じていよう。役割としては、広範な諜報活動や敵陣の攪乱《かくらん》などが挙げられる。ときには敵城を奪取することもあった。

全国的な広がり

前述のように、「忍びの者」の実態が徐々に明らかになり、全国各地でその事例が確認されつつある。東北地方では、津軽為信《つがるためのぶ》は「本家の南部《なんぶ》家から独立し、自身の勢力拡大のために、忍びの者をかなり起用し活用していた」（佐藤強志『そろそろ本当の忍者の話をしよう』）という。

陸奥《むつ》南部の岩城《いわき》氏についても、岩城常隆《つねたか》の書状でも忍びの者からの調略を警戒するように呼びかけており、境目での忍びの者の活躍が知られる。

伊達《だて》氏でも、境目では忍び作戦を積極的に展開させている。荒垣恒明氏は同時代史料『伊達天正日記』から草調義《くさちょうぎ》関係記事一覧表を作成し、戦果としては「進上される首の数からみて小規模な形で行われていることが圧倒的に多かった」（「戦国合戦における待ち伏せ戦術について―忍びと草・草調義の実態―」）と分析している。

結城氏が制定した分国法『結城氏新法度』には、「草」「夜業《よわざ》」といわれる忍びの行動は、悪党などが得意とする行為とし、結城氏も悪党を使って忍びの働きをさせていたことが分かる。

北条《ほうじょう》氏については、『北条五代記』に透波や草の記述があり、関東方面でも活発に活動していた様子が記されている。天正十年（一五八二）と推測されている十月十三日付の吉田新左衛門（真重《まさしげ》）宛北条氏邦《うじくに》書状（『諸州古文書』）には、「信濃《しなの》より透波ども五百ほど参り、その地乗っ取るべきの由、申し来《きた》り候、昼夜ともによくよく用心すべく候」「ただいま、寒時《かんじ》に候間、月夜ならでは、忍びはつくまじく候」などと、忍びに対する用心を命じている。

武田氏については、たとえば、天正三年（一五七五）と推測される十二月二十七日付で、駿河《するが》の田中《たなか》城を守備している諸将に対し、「忍びの用心」をするように指示している（『友野氏旧蔵文書』）。武田信玄の書状にも「城を忍び取る」（『古案《こあん》』）ことが記されるなど忍びの者の働きが知られている。軍学書『甲陽軍鑑《こうようぐんかん》』にも信玄が忍びの者（すっぱ）を効果的に使っていたことが記されている。

真田《さなだ》十勇士で名高い真田家については、一次史料ではないが、『加沢記《かざわき》』などでも事例が確認できる。真田昌幸《まさゆき》は、もともと敵方の「忍者の上手」であった角田《つのだ》新右衛門を使って敵城の曲輪を放火させる作戦を実行したことが記されている。謀略家昌幸らしい逸話である。

徳川家康の家臣では、伊賀の忍者出身といわれる服部半蔵が著名だが、実態ははっきりしない。本能寺の変後、いわゆる「神君《しんくん》伊賀越え」の危難の時、伊賀衆が護衛して無事帰国できたといわれるが、信頼できる史料も乏しく、はなはだ怪しい。後年には伊賀衆を召し抱えているが、この時の「危難」それ自体が疑問である（後述）。家康家臣の大久保忠教《おおくぼただたか》（彦左衛門）の『三河物語』には、謀略で敵城を「忍び取り」する事例が記されている。

軍記『陰徳太平記《いんとくたいへいき》』には、佐田《さだ》彦四郎・甚五郎・小鼠《こねずみ》の三兄弟が登場し、「勝《すぐ》れて忍びの上手、盗賊の張本なりけり」とし、現在イメージされているような忍者の能力を持っているように記されている。かなりの脚色を交えており、信用できない。

荒垣氏が紹介した近世の事例では、大名の有馬直純《ありまなおずみ》が家臣に対し、「夜討ちの用心が肝要である。忍びの者に手綱を切られぬよう、馬が放たれぬよう心掛け」云々という軍法を発している。

九州では、龍造寺《りゅうぞうじ》氏家臣の空閑可清《こがかせい》は「常に忍びの上手を多く抱え置」いて戦場で働かせていた。扶持《ふち》（俸禄《ほうろく》）を与える代わりに、盗みや乱暴は許していたという。ときには敵の大将を生け捕る活躍も見せている（『直茂公譜《なおしげこうふ》』）。島津氏の記録にも「忍《しのび》」「忍衆《しのびしゅう》」などが登場し、「忍び取り」「忍び入り城取り」といった働きをしていたようである。

他国での活躍

忍びの者を代表するのは、やはり伊賀者と甲賀者であろう。他国にまで知られた存在でもあった。たとえば、「伊賀の者は忍び、夜討ち上手に候」（『伊勢伊賀戦争記』）というように評価されていた。他国での活躍を見てみよう。

隣国大和国でも活動が確認できる。大和国の寺社の記録『享禄天文之記』弘治元年（一五五五）十二月十二日条には「和州田高《(高田)》城、伊賀衆十一人して居る処に、合力をそき《(遅)》より、入りたる者悉《ことごと》く打死、本城は悉く焼き払い、堂まで焼くる」。『多聞院日記』同日条にも触れられているが、伊賀衆の文言はない。断片的で意味が取りにくいが、高田《たかだ》城（奈良県大和高田市）に伊賀衆十一人が入城していたが、全員（『多聞院日記』によると高田父子を合わせて十三人が入城していた）が討死し、高田城は本城はもとより堂舎まで焼失したということだろう。傭兵として入城していたのだろうが、高い代償になったようである。

永禄三年（一五六〇）三月十九日条には「十市山の城を、箸尾ソウ次郎殿、伊賀衆を語らい、そのうち木猿《きざる》という者大将して居取る」と記されている。「箸尾ソウ次郎」が伊賀衆を誘い、木猿が大将となって、十市氏の山の城（龍王山《りゅうおうざん》城。奈良県天理市）を奪取したということだろう。

伊賀衆の中に木猿という頭目がいたことが分かる。「木猿」とはいかにも忍びの者らしい名前である。忍術書『万川集海』（本章末のコラムを参照）には、忍びの上手として十一人を挙げ、そのうちの一人に下柘植の「木猿」を記載している。同一人物のことを指しているのだろう。簀尾そう次郎（宗次郎、総次郎とでも書くのだろう）の系譜は不明だが、簀尾氏の嫡流の通称は「次郎」であり、「殿」付の敬称といい、「ソウ次郎」は嫡流系だろう。

永禄五年（一五六二）と推測されている十二月二十日付の松永久秀書状には「伊賀衆敵へ呼び越し二百ばかり罷り越し候、伊賀より慥《たし》かに申し来り候」とあり、伊賀衆二百人が松永久秀の敵方（多武峯）の傭兵として参陣していたことが分かる（『柳生文書』）。

近江国でも伊賀衆の存在が確認できる。『島記録』（近江国飯《い》村の島氏の事績を中心に主君の今井氏の動向を記録したもの）の永禄四年七月一日の記事に、今井定清《さだきよ》が太尾城の攻略のために浅井氏に援軍を要請し、「伊賀衆を忍びに入れ、城中に火の手をあげ、それを合図として本丸、二の丸一度に攻め上る」作戦を立案したことが記されている。敵城に潜入して放火するという忍びの者が得意とした戦法を使っていたことが分かる。

丹波国では、永禄四年と推測されている閏《うるう》三月十八日付の内藤宗勝《ないとうそうしょう》（松永久秀の実弟長《なが》頼《より》）の書状に「伊賀の城取りの者ども」と表現されており、城を奪取する能力すらあったことが分かる。しかも、この時は、摂津、丹波、播磨《はりま》の三方面に出張してくることが噂され、警戒を呼びかけている（『畠山義昭氏所蔵文書』）。

史料的価値は下がるが、三河国にも登場する。永禄三年（一五六〇）五月、桶狭間《おけはざま》の戦いの後、今川《いまがわ》軍の岡部《おかべ》元信《もとのぶ》が帰国途上、刈谷《かりや》城を急襲して水野《みずの》信近《のぶちか》を討ち取ったが、『増補家《いえ》忠日記《ただ》』によると、伊賀の忍びの者が城中に入って放火し、攻略に貢献したとしている。『水野記』はもう少し詳しく、織田方の勝利によって刈谷城が油断していることを好機として元信は「究竟《くきょう》の偸人《しのび》」（凄腕《すごうで》の忍び）二人を城へ忍び込ませて情報を摑《つか》み、伊賀衆数十人に軽卒百余人を付けて風上から放火させ、落城に追い込んだと記している。もっとも、水野家の記録だけに、水野勢が逆襲して信近の首を奪回し、忍びの者三十余人を討ち取ったとしている。『三河物語』は、年次を誤って理解しているが、この時のことを記し、伊賀衆の急襲で信近を討ち取ることに成功したが、後続の兵が続かず、孤立した伊賀衆は八十余人が討ち取られたという。

岡部元信はのちに武田氏に仕え、武田方の遠江《とおとうみのくに》国最後の拠点ともいうべき高天神《たかてんじん》城に籠城したが、天正九年（一五八一）三月に落城し、元信も討死した。この時、攻囲軍である徳川家康麾下の大須賀《おおすが》五郎左衛門は「伊賀国の忍びの者を七十余人召し寄せ」て功名を挙げた（『南紀徳川史』）。元信は、今度は伊賀の忍びの者にしてやられた可能性もあろう。

北条氏の軍記『小田原記《おだわらき》』によると、「伊賀衆と号して、小田原を初め国々に、五十人、三十人召し置きてカマリ伏兵に用いける」とあり、伊賀衆が忍びの者の集団として各地で雇われていたことが記されている。

4　信長と忍びの者

信長配下の忍びの者①

信長配下の忍びの者というのは信頼できる史料からは確認できない。『万川集海』には、信長は忍びの者を「饗談《きょうだん》」と名付けて用い、「隣国他国の堅城強敵共を力をも入れず、士卒をも屈せずして手に入れ」（『完本万川集海』）ることができたのは、饗談の功であると説いている。残念ながら信頼できる史料からは確認できない。ただ、忍びの者の得意とした攪乱戦法の一つに、敵方に忍び入って放火するという戦術があるが、信長も合戦では火攻めを多用しており、忍びの者を使っていた可能性はあろう。信憑性は劣るが、忍びの者らしい事例を確認してみよう。

元亀元年（一五七〇）六月、浅井・朝倉連合軍を姉川《あねがわ》の戦いで打ち破った信長は、浅井・朝倉与党の三好軍が四国から渡海して摂津に上陸し、中島《なかじま》城などで蜂起したため鎮圧に出馬し、三好軍を追い詰めた。しかし、大坂本願寺が突如蜂起し、浅井・朝倉連合軍も態勢を立て直して湖西から上洛の気配を見せた。信長は京都に侵入させては面目丸つぶれになるため三好攻めを切り上げ、いったん帰洛した。本能寺から出馬し、逢坂《おうさか》を越え、浅井・朝倉連合軍に決戦を挑んだが、優柔不断な義景は比叡山《ひえいざん》に上って決戦を避けた。いわゆる「志賀《しが》の陣」の始まりである。膠着状態となったことで信長は、「忍びを入れ」て僧坊を放火しようとしたが、逆に忍びの者は朝倉方に打ち取られたという（『朝倉軍談』）。

元亀四年（一五七三）七月、将軍足利義昭が信長に再度の謀叛を企て槙島城に籠城した時、信長は大軍をもって攻め寄せたが、総攻撃の前夜、忍びの物見を出して宇治川《うじがわ》の川筋を探索させた。もっともこの逸話は宇治川の先陣を果たした梶川《かじかわ》弥三郎の武勇を信長が予測していたということが主題であり、信長配下にも忍びの者がいたという程度の記述である（『武家名目抄』）。

長篠《ながしの》の戦いの時、信長が忍びを遣わしたという史料がある（『譜牒餘録』）。天正三年（一五七五）五月十八日、戦場に到着した信長は極楽寺山《ごくらくじやま》に陣取り、翌十九日夜、忍びの者二十人を敵情視察に派遣し、翌朝帰陣した忍びの者から報告を受けている。武田方の用心が厳しく、敵情視察が困難だった旨が伝えられ、二十日昼に遣わした物見も戻り、武田方の堅固な様子が報告されたため織田軍の士気が下がったという。このため、信長は軍議を開き、家康や家臣の酒井《さかい》忠次《ただつぐ》も参加した。信長は忠次に武田方の様子について質問したところ、忠次は「昨日から忍びを遣わし、今日も物見をもって敵方を監視したところ、武田方は思ったよりも小勢であり、合戦の勝利は間違いない」旨を言上《ごんじょう》し、信長が上機嫌になったという。信長が派遣した忍びは臆病者《おくびょうもの》で敵を過大に評価したが、武辺者の忠次が見切ったのであれば、明日の合戦は勝利を得て甲斐・信濃に乱入し、その勢いで関東、奥州まで攻めると豪語した。ただし、この逸話も自家顕彰の類いであろう。

肥後《ひご》細川家の史料『綿考輯録《めんこうしゅうろく》』によると、天正六年（一五七八）三月、丹波への信長の親征が取りやめとなったが、代わって長岡《ながおか》（細川）藤孝、惟住《これずみ》（丹羽）長秀、滝川一益の三将を光秀の加勢として派遣した。一揆軍が抵抗したものの夜討ちでことごとく討ち取り、この様子を「信長公の忍びの者」が信長に報告したので、信長は再度「間《かん》」を出して、指示を下したという。信長配下の忍びということになる。ただし、『綿考輯録』の編者は天正六年の丹波攻めの時と理解して次の黒印状《こくいんじょう》を採録しているが、奥野高廣『増訂織田信長文書の研究』をはじめ、天正五年の雑賀《さいか》攻めの時の黒印状と評価されている（『細川家文書』）。

猿帰候て、夜前之様子具言上候、先以可然候、又一若を差遣候、其面無由断雖相聞候、猶以可入勢候、各辛労令察候、今日之趣徳若ニ可申越候也、

（黒印）

三月十五日

長岡兵部大輔とのへ

惟住五郎左衛門尉とのへ

滝川左近とのへ
惟任日向守とのへ

意訳すると、「前線へ派遣した「猿」が帰着し、昨夜の軍状を詳しく聞いた。まずは予定通りである。また一若《いちわか》を派遣した。そちらは油断なく務めていると聞いているが、さらに念入りにするように。皆の者が苦労していることは理解している。今日の状況は徳若《とくわか》に知らせるようにしなさい」となろうか。

冒頭の「猿」を羽柴秀吉に比定する見方がなされたこともあったが、現在では否定されている。信長は秀吉のことを「藤吉郎《とうきちろう》」「羽柴筑前《ちくぜん》」と表記し、「猿」というのは確認されていない。もし綽名《あだな》が猿としても、軍事作戦の指示を伝える文書に「猿」と記すとは思えない。『綿考輯録』の編者が推測したように、「猿」は忍びの者であろう。「一若」は「間」、すなわち忍びの者。秀吉は一若（市若とも）の紹介で信長に仕えたという説があるので、秀吉も忍びの術を身につけていたのかもしれない。ただし、秀吉が忍びの者の出身というわけではない。「猿」は固有名詞ではなく、忍びの者を示す普通名詞の可能性もあるが、天正七年（一五七九）の安土宗論《あづちしゅうろん》の時、年長の小者《こもの》（身分の低い奉公人）として「猿」が登場するので、個人名だったのだろう（『安土宗論実録』）。

信長配下の忍びの者②

忍びの者の役割の一つとして敵情視察がある。攻城戦の場合なら敵城に忍び込んでその様子を調べるということもあっただろう。

天正五年（一五七七）八月、信長は上杉謙信《うえすぎけんしん》が北陸を南下する動きを見せたことで、柴田勝家を大将とした軍団を編成して差し向けたが、救援しようとした能登の七尾《ななお》城が陥落し、さらに北陸遠征軍の一人羽柴秀吉が軍令違反を起こして帰陣するなど、はかばかしい成果を得ることはできなかった。続く末森《すえもり》城への進軍も能登の百姓が敵方として攪乱し、一揆も蜂起したことで敵情はまったく不明であった。

その時の様子を記したのが、（天正五年）九月十日付の堀秀政《ほりひでまさ》宛丹羽長秀・滝川一益・武藤舜秀《むとうきよひで》・柴田勝家の連署状（『宮川文書』）である。勝家らは戦況を分かりやすく報告するために「絵図」を作成し、絵図をもとに使者が詳しく報告すると結んでいる。この絵図を描くための参考情報は、地元の者や忍びの者を使った可能性があろう。

同年のことだが、松永久秀が信長に叛旗を翻し信貴山《しぎさん》城（奈良県平群町《へぐりちょう》）に籠城したが、総大将の信忠《のぶただ》（信長の嫡男）が出陣してわずか十日ほどで落城させた。大規模な山城であり、正攻法ではとても十日ほどで落ちるとは思われない。調略（『鷺森《さぎのもり》別院文書』）や謀略によって落城したのだろう。謀略には諸説あるが、信貴山城には本願寺（雑賀衆や堺《さかい》とも）からの援軍が入る計画だったが、織田軍はこれを察知し、援軍と偽って百人ほどが城内に入り、夜中に放火し、城外の味方と呼応して落城に追い込んだという説がある（『甲陽軍鑑』ほか）。忍びの者の関与を記した記録もある（『庁中漫録《ちょうちゅうまんろく》』）。城内で放火するのは忍びの者の常套手段であり、織田軍の忍びが活躍したのかもしれない。

天正九年（一五八一）の鳥取《とっとり》城攻めの時にも絵図を作成している。秀吉が追い詰めていたが、信長の親征が予定され、様子を探るため八月十四日、高山《たかやま》右近《うこん》を派遣し、「鳥取《とっとり》表《おもて》懇《ねんご》ろに見及び、罷り帰り言上候え」と命令を下した（『信長公記』）。信長は、高山右近を鳥取へ派遣し、鳥取城の様子を調査して復命するよう指示し、右近は鳥取城の防御態勢について絵図を作成して詳しく信長に報告し、信長に褒賞された。やはりこの時の絵図も、忍びの者の情報をもとに作成させたと思われる。

信長ではないが、嫡男の信忠は、天正十年（一五八二）三月、信濃の高遠《たかとお》城攻めを前に、母衣衆《ほろしゅう》（主君直属の使番たち）や物見の者を従えて城中の様子を探った（『甫庵信長記《ほあんしんちょうき》』）という。物見の者が忍びの役割も果たしたと思われる。

秀吉家臣の話だが、加藤清正は天正十年の備中《びっちゅう》冠山《かんむりやま》城攻めの時、秀吉から杉原七郎左衛門の攻め口を巡回するよう指示を受け、伊賀・甲賀の忍びの者と一緒に巡回し、一番乗りいる。

の武功を挙げたという（『清正記』）。『太閤記《たいこうき》』には、伊賀の忍びの者を使って敵の水の手を断って開城に追い込んだとしている。なお、同書には前田利家《まえだとしいえ》が石動山《いするぎやま》を攻める時、「伊賀の忍び組とて五十人有りしを呼び集め」、各所を放火させて落居に追い込んだことを記している。

一方、鷹匠《たかじょう》（鷹の飼育・訓練を行う専門家）も忍びの役割をしたといわれている。

鷹書《たかしょ》『鷹陽軍鏡師《ようようぐんきょうし》』には、「乱世に及んで武家に用いるは専《もっぱ》ら軍法に施して宜《よろ》しきこと多しと見えたり、およそ軍計の諸事、鷹の道より出るに如《し》くはなし」と評されている（三保忠夫『鷹書の研究』）。なお、昭和七年（一九三二）に発行された『放鷹《ほうよう》』は同史料について「敵国攻略の策を説く書」と位置づけ、「鷹匠を敵国に忍ばしむること、敵味方和談の時は鷹を繋《つな》ぐべきこと」などの文言を引いており、鷹匠の偵察能力の高さを指摘している。

信長の鷹匠も忍びだったのだろうか。鷹匠としては、沢与助（頼実《よりざね》）、青山与三《よぞう》（吉次《よしつぐ》）、小林家鷹《こばやしいえたか》らが知られるが、残念ながら良質な史料から忍びの役割は見いだせない。

ただ、信長の鷹好きは相当なもので、鷹の産地へ使者を派遣したり、諸大名などから献上されることもあった。鷹の献上は、友好関係や服属の証《あかし》でもあった。安土城天主《てんしゅ》には庭籠《にわこ》（庭に置いて鳥などを飼う籠《かご》）の風景を描いた障壁画も配され、「御鷹の間」と呼ばれた。『信長公記』などには鷹狩の様子も記録されている。また、天正三年（一五七五）の越前平定後、柴田勝家に越前一国を任せた時の訓示には、城地選定などの理由以外では鷹狩を禁じている。のめり込むことを警戒していたのだろう。

若い時には放鷹に際して「鳥見《とりみ》の衆」として二十人を選定していた。信長よりも二里、三里先まで先行して雁《かり》や鶴などの獲物を確認し、一人はその獲物を監視し、一人は信長へその情報を伝えるという役目である。二十人の具体的な名前は不明だが、『塵点録』には、河野《こうの》藤左衛門（氏吉《うじよし》）、坂井《さかい》文助（利貞《としさだ》）の二人は「鳥見の役」だったとある。氏吉、利貞は道路、橋などの普請《ふしん》奉行として知られており、尾張・美濃国内の地理に精通していた。彼ら二人は、篠岡《ささおか》八右衛門、山口《やまぐち》太郎兵衛と合わせた四人で一緒に仕事をすることが多かったことから、八右衛門、太郎兵衛も鳥見の役だった可能性が高いだろう。残念ながら忍びの役割をしていたかどうか不明だが、地理に精通していたのであれば、それ自体が忍びの役割の一つでもあったといえよう。

良質な史料で信長の忍びの者は確認できないが、世木政棟《せぎまさむね》という家臣はそうした役割をしていた可能性がある。今川氏の末裔で安芸国《あきのくに》の世鬼を領した世木（世鬼）正親《まさちか》には二人の息子がおり、兄弥左衛門政棟は織田信秀《のぶひで》（信長の父）に仕えて城代まで出世し、弟右衛門政高《まさたか》は毛利家に奉公して「忍びの兵士」となり、その息子二人も「忍びに妙を得」ていたことで三百石を得たという（『萩藩閥閲録《はぎはんばつえつろく》』）。そのままには信用できないが、弟が忍びで仕えたのなら、兄の政棟も忍びの術を会得していたのかもしれない。政棟は信長にも仕え、天正十年（一五八二）五月二十九日、信長が最後の上洛をした時、安土城本丸の留守衆として残された。政棟の事歴はこれくらいしか分からないが、安土で留守居していたため、本能寺の変で活躍することはなかった。

信長対忍びの者

信長の発給した文書にも「忍び」に関する記述がある。信長の本城であった岐阜城に忍びの者が侵入したことがある。六月七日付の横井伊織《よこいいおり》（時泰《ときやす》）宛黒印状（『赤目《あかめ》横井家文書』）に記されている。

> 猶以其元之儀、先日九右衛門かたより具申遣之条、不可有由断候、
> 昨夜当城二段ニ至て敵忍入候之処、出合追崩之由、尤以神妙候、弥無由断、機遣簡要候、殊麦刈之番之者共掛合、於手前道具已下□□□（被分捕カ）之由、是又相意得可申届候、仍遠州表出馬事、来十四日ニ相定候、則時可属存分候条、開陣不可有程候、当番之儀、無人候共、可出精事専一候、謹言、
> 六月七日　信長（黒印）

意訳すると次のようになろうか。

昨夜、当城（岐阜城）に二回にわたって敵が忍び入ったが、時泰が出合い、追い崩したのは神妙である。いよいよ油断なく警戒が必要である。麦刈りの番の者どもが掛け合わせ武器などを分捕ったことを了承した。遠江への出馬は六月十四日に決定した。すぐに勝利し、帰陣するだろう。当番のことは、人数が少ないが、精を出すように。なお、先日、九右衛門（信長の側近の菅屋長頼《すがやながより》）から詳細を指示したので油断してはならない。

年次については、六月十四日に遠江へ出馬予定していることから天正二年（一五七四）と推測できる（『信長公記』）。武田勝頼《かつより》（信玄の後継者）が徳川方の高天神城を包囲したという報を得たことから、徳川家康の援軍として出馬した。もっともこの時は救援前に落城したことでなす術《すべ》なく岐阜へ帰陣した。

昨夜とは天正二年六月六日の夜である（今の暦では七月四日）。この夜、岐阜城に二回にわたって忍びの者が侵入したが、横井時泰（赤目城主）が撃退したことを褒賞。麦刈りの番の者たちも駆けつけて忍びの者たちの道具（武器）も奪い取ったようである。時泰は鷹術《ようじゅつ》に優れていたといわれており、子孫が鷹匠頭《たかじょうがしら》となっている。忍びの術を身につけていた可能性もあろう。なお、先行研究では「当城」を岐阜城と解釈しているが、時泰の城（赤目城）と解することもできる。

信長ではないが、嫡男信忠の陣所に忍びを入れようとしていたことを記す史料がある。天正六年（一五七八）と推測される六月二日付の「古因」（古志因幡守重信《こしいなばのかみしげのぶ》）宛吉川元春《きっかわもとはる》書状（『牛尾文書』）に、上月《こうづき》城（播磨国）の戦況を知らせた中に「城介《じょうのすけ》方陣所へも忍びなど差し上らせらるべき哉《や》の由、承り候」とあり、毛利方が信忠の陣所へ忍びを入れようとしていた。

少し背景を説明すると、毛利方の上月城を羽柴秀吉が攻略し、尼子勝久《あまごかつひさ》、山中鹿介《やまなかしかのすけ》（幸《ゆき》盛《もり》）主従らを入れ置いていたが、毛利氏が奪還に動き出したため、織田軍が救援に赴いた時のことである。毛利方は、大将の信忠の陣所に忍びの者を入れて情報収集を図ろうとしていたことが分かる。

最後は、伊賀の忍びの者の動向を記したものである。大和二見密蔵院《ふたみみつぞういん》宛紀伊金剛峯寺惣分《こんごうぶじそうぶん》沙汰所一﨟坊《さたしょいちろうぼう》書状（『犬飼家文書』）。

以上、

和州宇知郡坂合部兵部大夫城、夜中ニ伊賀衆忍入候処、南より水堀ヲ越、諸口一番乗、於城中無比類働共、諸人之目渡候、其かくれなき儀難申尽候事、恐々謹言、

金剛峯寺
惣分沙汰所
一﨟坊（黒印）

辰
八月四日
二見密蔵院参

意訳すると、「大和国宇智《うち》郡の坂合部《さかべ》兵部大夫《ひょうぶだゆう》の城へ夜中に伊賀衆が忍び入ったところ、その方（二見密蔵院）は南方面から水堀を越えて兵部大夫の城に一番乗りし、城中で比類ない働きをしたことは皆の目にも留まり、申し尽せないほどの武功である」となろうか。

辰（年）の年次については、天正八年（一五八〇）九月二十一日付信長の朱印状《しゅいんじょう》（『高野山《こうやさん》文書』）との関連から天正八年と推測されている。大和国宇智郡は、奈良県と和歌山県の県境で現在の五條《ごじょう》市にほぼ含まれる。畠山氏や高野山の勢力が伸びている地域で、信長に従属した平《たいら》三郎左衛門尉（盛知《もりとも》）が拠点としたところである。宇智郡の坂合部兵部大夫頼重《よりしげ》（『坂合部氏定書』）の城に、夜中伊賀衆が忍び込んだが、二見密蔵院（円海《えんかい》）が南側から水堀を越えて一番乗りし、城内で比類なき働きをしたことを金剛峯寺の一﨟坊（新斎）が賞したものである。「惣国」としての行動ではなく、傭兵的な動きだったのだろう。第二次天正伊賀の乱以前だが、伊賀衆が他国にまで進出し、活躍していたことが分かる。この顛末《てんまつ》は軍記物に詳しい記述があるが、年月は異なっている。
なお、『伊乱記』などの伊賀国の軍記物や『籾井《もみい》家日記』などにも、信長に対する忍びの者の動きについて興味深い逸話が記されているが、そのままには信用できない。

コラム　忍術書の集大成『万川集海』

いわゆる忍術書は、実に百種類以上あったという。そのなかでも三大忍術書といわれるのが、紀州流忍術の『正忍記《しょうにんき》』、服部半蔵保長《やすなが》家の書といわれる『忍秘伝《にんぴでん》』、そして『万川集海』。万川集海は、その分量の多さもあり、忍術書の集大成・百科事典ともいわれる。十五種類以上が確認されているという。ただし、原本は確認されていないようである。

『国史大辞典』によると、「伊賀国および近江国甲賀郡に伝来した忍術の伝書。伊賀の人藤林保武《ふじばやしやすたけ》著、延宝《えんぽう》四年（一六七六）成立」とし、「忍術を軍学まで高めんと試みた大著作」と評する。序、凡例、目録などを含め二十二巻から成る大部である。「軍要秘記」などを加えて完本とするものもある。ただ、編者や成立年については研究の余地がある。

凡例によると、書名については「伊賀・甲賀十一人の忍者の秘せし忍術・忍器《にんき》、並びに今代の諸流の悪《あ》しきを捨て、善きを撰《えら》んで取り、また和漢の名将の作れる忍術の計策等遍《あまね》くこれを集め（中略）天下の河水尽《ことごと》く大海に流れ入りて広大なるごとくなる故を以《も》って（中略）万川集海と号す」と説明している。読みは「ばんせんしゅうかい」とも「まんせんしゅうかい」ともいわれるが、はっきりしない。天下の河川のすべてが一つの海に流れ込んで大海となるように、忍術の諸流派（四十九流派）を網羅した、と自負する。忍者研究の大家山田雄司氏によると、万川集海が編纂されてから四十年後にはバイブル的存在になっていたという（『忍者の歴史』）。

序は「およそ兵は国の大事、死生存亡の道なり」と始まり、「軍事の奥義を記すものなり」と締めくくる。万川集海を現代語訳された中島篤巳氏によると、「内容的には忍術の具体的な方向に加え、忍術の意義、由来、忍者の心得などを繰り返し述べて、忍術の価値を伝えている」とし、「謀略、奇襲、平時の戦闘的行動を達成する為《ため》の手段について詳しく記されている」（『完本万川集海』）とまとめている。

戦国時代に忍者（忍術）を使った武将としては、毛利元就《もとなり》、武田信玄、上杉謙信、織田信長らを挙げている。元就、信玄、信長や秀吉らの名将が忍術を使って勝利を得た事例は数え切れないとし、忍術は天下に広く用いられているが、伊賀、甲賀が最高峰であると強調している。織田軍を打ち破ったのは忍術があったからだとも断定している。

内容の全容は紹介できないが、正しい心構えを持つことの重要性を説いた上で、忍術そのものを細かく解説し、さらに、忍者が使用する道具類についても、梯子《はしご》などの登器《とうき》や水蜘蛛《みずぐも》などの水器《すいき》等が絵入りで解説されている。忍者が得意とした火器《かき》についても火薬の扱いなどが細かく記されている。

中島氏は「忍術の心は総合生活術である」と指摘しているが、その意味では同書を熟読玩味《がんみ》することで現代社会に生きるわれわれに多くの示唆を与える側面があるかもしれない。

第二章　織田信長と伊賀衆の関係

1　永禄の変

将軍足利義輝の暗殺

第十三代将軍足利義輝（初名は義藤《よしふじ》）は、天文十五年（一五四六）十二月、わずか十一歳で父義晴《よしはる》から将軍職を譲られた（一五頁の系図参照）。四年後の同十九年には義晴が閉居先の近江国穴太《あのう》で死去した。以後、義輝は室町幕府の再構築、将軍権威の復権に努めた。三好長慶と角逐を繰り返し、近江国朽木《くつき》に一時逃亡したが、永禄元年（一五五八）末には長慶との和睦が成り、五年ぶりに還京した。長慶は将軍不在の権力基盤の構築を図ったこともあったが、結果的には、義輝の帰洛を認めることで自らの権力基盤を危うくした。

義輝の帰洛によって室町幕府は安定化しつつあるかに見えたが、将軍義輝と三好氏のパワーバランスが崩れてくる。三好氏の人材喪失である。まずは永禄五年(一五六二)三月、長慶の実弟で三好家中の実力者であった実休《じっきゅう》(之虎)が久米田《くめだ》の戦いで討死し、翌六年八月には長慶の継嗣である義興《よしおき》が急死して、三好氏に暗雲が垂れ込めてくる。さらに翌七年七月には、長慶自身が没してしまった。

三好宗家は長慶の生前に甥(長慶の弟十河一存《そごうかずまさ》の子)である義継《よしつぐ》が継承していたが、若年であり、三好家の権力基盤は急激に弱体化した。三好三人衆と松永久秀父子が三好家中を主導し、永禄八年(一五六五)五月、将軍御所を急襲し、義輝を殺害した。「永禄の変」と呼ばれるクーデターである。「先代未聞の儀」「是非なき次第」(『言継卿記《ときつぐきょうき》』『河田文書』)などと評され、京中を震撼《しんかん》させた。

近年では、将軍殺害は偶発的なことだったとする説もあるが、どうであろう。この時、義輝の次弟鹿苑院(周暠《しゅうこう》)も殺害されている。討手が差し向けられており、事前の計画だったと思われる。

一般的には戦国の梟雄《きょうゆう》といわれる松永久秀が義輝を暗殺したと思われているが、久秀はこの時、居城の多聞山城に在城(『清水寺《きよみずでら》別当記』)しており、実行部隊には参加していない。直接手を下したのは、三好三人衆と久秀嫡男の久通である。このことから久秀の与《あずか》り知らないところで謀叛が計画されたと見る向きもあるが、久秀に従順な印象のある久通が、父久秀に無断でクーデターに参加したとは思えない。単なる役割分担で、久秀は奈良で動揺を抑えていたのだろう。

義輝の長弟覚慶（還俗《げんぞく》して義秋、のちの義昭に改名。以降義昭と表記する）は興福寺一乗院の門跡となっていたが、彼にも身の危険が及ぼうとしていた。しかし、久秀は義昭に対し、誓紙をもって身の安全を保障した（『円満院《えんまんいん》文書』）。その理由については、いまだに定説を見ない。義昭を何らかのかたちで利用しようと思っていたのかもしれないが、大和一国の事実上の守護である興福寺に対する遠慮があったのではないかと思われる。また、久秀は義昭の本性を見誤っていた可能性もある。

足利義昭の逃避行

のちに第十五代将軍となった足利義昭は、第十二代将軍足利義晴の次男で、足利家の慣例として僧侶としての人生を歩んでいた。天文十一年（一五四二）十一月、近衛稙家《たねいえ》（近衛前久の父で、義昭の母方の伯父）の猶子《ゆうし》（養育関係がない、名目上の養子）となり、わずか六歳で奈良興福寺の一乗院に入寺した。永禄五年（一五六二）、一乗院門跡の覚誉《かくよ》が没し、義昭が門跡となった。

義輝にとって三好氏の叛乱は青天の霹靂《へきれき》だったが、覚慶にとってはそれ以上の驚きだったかもしれない。兄の義輝が弑逆《しいぎゃく》されただけでなく、実母も犠牲になり、鹿苑院に入寺していた異母弟と思われる周暠（この時二十一歳）も殺害された。路上で殺害されているので、逃亡したというのではなく、おそらくは寺外に呼び出されて騙《だま》し討ちに遭ったのだろう。

義輝・義昭兄弟がどのような関係だったかははっきりしないが、幼年期は京都で一緒に暮らしていたと思われる。永禄元年（一五五八）と推測される六月二十二日付で義輝は義昭に返書を送っている（『源喜堂古文書目録』）。大軍の三好氏との戦闘に敗れた義輝を心配した義昭が見舞状を出し、それに義輝が返書したものである。義昭は上洛して兄義輝を見舞おうと申し送ったが、義輝は義昭の上洛に反対し、僧侶として祈禱することが大事であると諭している。見舞いの品はありがたく頂戴《ちょうだい》したと礼を述べる一方、追伸で上洛することは、繰り返し無用と伝えている。義昭はこの年血気盛んな二十二歳、兄の危機に臨んで何か手助けしたいと思っていたのかもしれない。兄弟仲はよかったのだろう。その後の義昭についての動向はよく分からないが、年頭に春日社へ社参していることなどが垣間見える（『春日大社所蔵史料』）。

兄義輝が白昼暗殺されたのは永禄八年（一五六五）五月十九日。義昭は興福寺で幽閉されたが、約二か月後の七月二十八日夜陰、越前の朝倉義景、甲賀の和田惟政、義輝の遺臣細川藤孝、一色藤長、母方の叔父大覚寺義俊《だいかくじぎしゅん》らの協力で幽閉先から脱出し、山城国笠置、伊賀国を経て甲賀の和田惟政の館まで落ち延びた。途中、伊賀国では仁木長政が義昭を饗応した。『享禄天文之記』には詳しいルートが記されている。脱出した七月二十八日、一乗院では大《だい》般若経《はんにゃきょう》と一万度のお祓《はら》いをしていた。こうした催事の後であれば、警護の兵士も油断していたのかもしれない。夜中、義昭は東の築地《ついじ》（瓦屋根《かわらやね》つきの塀）を乗り越え、大湯屋《おおゆや》（五重塔の東）を通り、野田《のだ》（奈良市）の後ろの山を通り、鶯《うぐいす》の滝（佐保川《さほがわ》の源流）を越え、狭川《さがわ》から笠置（京都府笠置町）に渡り、木津川に沿って東進し、有市《ありいち》（笠置町）、大河原《おおかわら》（南山城村）を経由して甲賀の和田惟政の館に入った。伊賀国でのルートが省略されているのは残念だが、隠密のため笠置に出るまではかなりの山道を通ったようである。義昭一行は八人、国衆の護衛は五十人と記されている。仁木長政が饗応した場所は土橋《つちはし》（阿拝《あえ》郡）。木津川支流の柘植川下流部に位置しており、木津川沿いに遡《さかのぼ》ったことが分かる。二十八日夜中に出発し、二十九日には和田の館に到着している。全行程で五、六十キロメートルほどあり、かなりの強行軍だった。なお、『南行雑録』所収の義昭御内書などによると、賀茂庄《かものしょう》の西《にし》新八郎（尚明）らが観音寺《かんのんじ》（京都府木津川市）で休息した義昭一行を接待したようである。

義昭は、次期将軍就任に向けて、全国各地の大小名に対し、上洛に協力するよう呼びかけた。かなりの広範囲に「御内書」を発給したようである。確認されているものとしては、関東方面では佐竹義重《さたけよししげ》、江戸《えど》彦二郎（彦五郎）、由良成繁《ゆらなりしげ》、北陸では上杉謙信、畠山義継《よしつぐ》、若狭の武田氏、また甲斐の武田信玄、東海方面では織田信長をはじめ、徳川家康、水野八郎次郎、畿内近国では、六角承禎、畠山高政《たかまさ》、遊佐信教《ゆざのぶのり》、安見宗房、赤松義祐《あかまつよしすけ》、小寺政職《こでらまさもと》、中国方面では毛利元就、九州では相良義陽《さがらよしひ》、島津貴久《たかひさ》・義久父子など。義昭の「御内書」は当然ながら散逸したものもあると思われ、このほかにもかなりの御内書が発給されたものと思われる。

当初、上洛ルートとして想定していた伊賀国の国衆、および周辺の国衆にも働きかけ、「諸国」の軍勢を動員して上洛する計画を立てていた。実行部隊としては畿内近国の大小名に出陣を期待し、遠国の大小名には金銭などによる援助を求めた。

2　幻の第一次上洛計画

足利義昭の動向

義昭の逃避行は前述した通りだが、この間、上洛計画を粘り強く長期にわたって推進し続けた。一乗院を脱出した時から、諸国の軍勢を動員して上洛し、将軍職に就くのが義昭の望みだったと思われる。もちろん、兄義輝や母慶寿院《けいじゅいん》の敵討ちという側面もあっただろう。

上洛に成功するまでの義昭の動向をかいつまんで見ておこう。

前述のように永禄八年（一五六五）七月二十八日夜、一乗院を脱出し、翌二十九日、甲賀の和田惟政の館へ入った。上洛計画策謀の中心地として惟政の館ではあまりに不便であり、また近江の六角承禎が上洛に協力する意向を示したことで、この年十二月二十一日（十一月二十一日説もあるが、おそらく史料の誤写であろう）、琵琶湖《びわこ》にほど近い矢島《やじま》（滋賀県守山市）に居を移した。惟政の館を引き払ったが、逃避行の尽力者である惟政の了解を得ていなかったようで、移座後、義昭は惟政に言い訳をしている。後年の義昭の動向を見ていると、どうも貴種にありがちなわがままのように思えてならない。

翌永禄九年（一五六六）二月十七日、矢島で還俗して義秋と名乗り、この日朝廷に太刀・馬代を献上。同年四月二十一日、従五位下《じゅごいのげ》・左馬頭《さまのかみ》に叙任され、次期将軍候補となった。しかしこの叙任は、隠密裏に進められ、元服もせず、武家伝奏《ぶけてんそう》（武家との連絡にあたる朝廷の役職）を経ずに吉田兼右が斡旋《あっせん》するなど正式なルートではなかった。

その後、信長を中心とした第一次上洛計画（後述）が頓挫《とんざ》し、承禎が三好方に加担する動きを見せたため、同年八月二十九日には妹婿といわれる武田義統《よしむね》を頼り、急遽《きゅうきょ》、若狭へ移座した。しかし、頼りとした武田氏はもともと弱小勢力であり、しかも内乱状態にあったため、越前の朝倉義景を頼り、九月八日には金ケ崎《かねがさき》に移り、その後義景の本拠一乗谷《いちじょうだに》へ移った。永禄十一年（一五六八）七月、信長の協力を確かなものとして岐阜へ移座するまで越前に留まって、義景を中心に上洛軍の編成に腐心することになる。

朝倉氏は、もともとは越前守護の斯波《しば》氏の家臣だったが、応仁の乱のどさくさに紛れて、主君の斯波氏を排斥し、守護代から実質的な守護に成り上がった。守護となった朝倉氏から見れば、織田氏は尾張の守護代（信長の織田家は守護代の家臣）であり、一段下位になる。将軍から見れば、朝倉氏は直臣だが、織田氏は守護斯波氏の家臣であり、陪臣《ばいしん》に過ぎない。逆に織田氏から見れば、朝倉氏は主君を裏切った不忠者でもある。ただし、そう単純ではない。両家は犬猿《けんえん》の仲というほどでもない。天文十三年（一五四四）には美濃守護土岐《とき》氏の復権に向け、共同戦線を張って斎藤道三《どうさん》と対峙《たいじ》したこともあった。

義昭は一乗院から脱出当初、上洛軍を編成するにあたって、とくに上杉謙信と織田信長に期待した。謙信は越後国《えちごのくに》という遠方だが、二度も上洛した経験があり、かつての大内氏（周防《すおう》・長門《ながと》を本拠とする中国地方の大大名）と同様な動きを期待したのかもしれない。しかし、現実的には信長への期待が最も高かっただろう。和田惟政や細川藤孝らが尾張に下向して信長を説得し続けた。

信長も後年には上洛軍を編成することに成功するが、この時期は、尾張一国をようやく平定したかどうかという状態だった。隣国美濃の斎藤（一色《いっしき》）龍興《たつおき》（道三の孫）とは交戦中であり、その余裕がなかった。義昭陣営はこのため、龍興に働きかけ、信長との和睦を図り、双方の了解を得て休戦となった。

信長軍を中核とした上洛軍を編成し、いよいよ永禄九年（一五六六）八月二十二日（『南行雑録』では二十三日）、信長が出陣する手筈《てはず》が整った。上洛ルートは尾張から北伊勢、伊賀を経由するコースを計画していた。周辺の国衆への調略も済ませ、信長の出陣を待つだけになっていた。義昭陣営では、信長の領国尾張に加え、三河・美濃・伊勢からの参陣も見込んでいた。しかし、信長は出陣を見送った。永禄九年と推測される八月二十八日付の柳生宗厳《むねよし》宛佐久間信盛の書状によると「信長上洛の儀、江州表裏に就きて、まず延引候」と説明している。六角承禎が三好方に寝返ったという情報を入手したため、今回の計画は見送った。翌日には、義昭も危険を察知し、矢島から若狭へ退避した。義昭としては一年をかけた計画であり、無念だっただろう。義昭は謙信に対し、「織田尾張守出勢《しゅっせい》相違」（『上杉家文書』）と非難した。

ここで見落としてはならないことがある。信長は義昭の上洛に協力する姿勢を示していたが、龍興は休戦要請には応じたものの、義昭の上洛軍に供奉《ぐぶ》するという動きが確認できないことである。義昭陣営は美濃からの参陣も期待していたことから与同する可能性がなかったとはいえないが、信長と戦闘を交えた後の龍興家老衆の連署状を見ると、その意思は窺えない。信長は、自身が義昭を奉じて上洛した隙《すき》に、龍興が尾張に攻め込んでくるという危険を感じていたと思われる。

信長は上洛計画を先延ばししたことで作戦を切り替えた。龍興の真意を探る意味もあり、佐久間信盛が書状を認《したた》めた翌日（八月二十九日）、早くも美濃に出陣し、武力偵察を行った。閏八月八日、一戦も交えることなく帰陣した。斎藤方の家老の連署状写《うつし》（『中島文書』）には信長が一方的に和睦を破り美濃に攻め込み、しかも大敗したように記している。それほどの大敗であったのかどうか不明であり、その後も義昭は信長を頼っていることから、信長への信頼が急激になくなったとも思えない。この連署状写も含め、もう少し幅広く見ていく必要がある。

義昭は六角氏の協力を得られるものと矢島に居を移したが、六角氏が三好と結び、あろうことか義昭に危害を加えるという情報が届き、義昭はそれまで世話になった幕臣を、ある意味では見捨てて自分ばかりが若狭の武田氏を頼って退去した。その時の書状も残っている。生まれながらの「貴人」のせいかもしれないが、あまりにも自分勝手な行動が多い。のちに信長からも見捨てられる一因ともなったのだろう。義景が義昭を奉じて上洛しなかったのは、義景の優柔不断というよりも、義昭という人物に対して信用できないという側面があったのかもしれない。

『米田家文書』の記述

前述の斎藤氏家老の連署状写（『中島文書』）によると、信長の上洛軍は、近江を経由する予定だったと記しているが、近年発見された『米田家文書』によると、伊賀衆の関与が浮かび上がってくる。『米田家文書』（『三重県史』資料編中世三下）を見てみよう。

永禄九年（一五六六）と推測されている八月二十八日付の一色藤長・三淵藤英《みつぶちふじひで》（細川藤孝の実兄）の連署状（十三通）、藤長単署の書状（一通）の計十四通の宛所に伊賀国の有力者の名字が記されている。足利義昭の「御内書」の副状《そえじょう》と推測されている。義昭の上洛作戦に協力を要請するものだったが、六角氏の裏切りなどで計画が頓挫したため発給することなく、反故《ほご》となって紙背《しはい》（紙の裏側）を医薬書に使われて伝来することとなった。内容はほぼ同様なので、菊山殿《きくやまどの》宛連署状と藤長単署の書状を掲出する。

［連署状原文］

御退座之刻、其国之儀以馳走無別儀候、然者為御入洛御供織田尾張守参陣候、弥被頼思食候条、此度別被抽忠節様被相調者、可為御祝着之由候、仍国中江御樽可被下候、此等之通被相触、参会之儀可被相調候、定日次第可被差越御使候、猶巨細高勘、高新、富治豊可被申候、恐々謹言

八月廿八日　　　　　　　　　藤英（花押）

藤長（花押）

菊山殿

［意訳］

義昭様が一乗院を脱出された時、伊賀国で世話になり、無事に甲賀の和田惟政の館に着くことができた。今回、尾張の織田信長が上洛軍に参陣することとなったので伊賀衆にも協力してほしい。忠節を尽くしてくれれば祝着とのことである。伊賀国に対し御樽《おんたる》を下賜《かし》される。これらのことを伊賀国内に触れ回り、一致協力して上洛軍に協力してほしい。上洛の日程が決定すれば使者を派遣する。詳しくは「高勘」「高新」「富治豊」が説明する。

［藤長書状原文］

為御入洛御供織田尾張守参陣候、然者其国之儀、従前々被頼思食候条、以和伊入魂筋目、此度別忠節在之候様、於馳走被申者、可為御祝着由候、就其国中江御樽お可被下候間、此等之通被相触、参会儀可被相触候、定日次第ニ可被差越御使候、猶巨細高勘、高新、富治豊可被申候、恐々謹言

八月廿八日　　　　　　　　　藤長（花押）

今中殿

［意訳］

義昭様の上洛に織田信長が参陣することになった。伊賀国に対しては以前から頼みにされている。伊賀国とは和田惟政を通じて入魂《じっこん》（懇意）であり、今回、忠節を尽くしてくれれば祝着とのことである。伊賀国に御樽を下賜される。これらのことを伊賀国内に触れ回り、一致協力して上洛軍に協力してほしい。上洛の日程が決定すれば使者を派遣する。詳しくは「高勘」「高新」「富治豊」が説明する。

宛所は、菊山氏、竹屋《たけのや》氏、岡嶋《おかじま》氏、岡本《おかもと》氏、田屋氏、奥《おく》氏、大西《おおにし》氏、福山氏、米野《こめの》氏、田中氏、菊川《きくかわ》氏、宮田《みやた》氏、今中《いまなか》氏、および森田右近介である。彼ら十四氏は伊賀衆と見られているが、今中・大西両氏については、山城南部（普賢寺谷《ふげんじだに》周辺）の国衆の可能性がある（『多聞院日記』）。今中氏は普賢寺山城主といわれる今中相隆、もしくは一族の今中重光《しげみつ》（『浅野家諸士伝』『今中文庫目録』）、大西氏は普賢寺谷の大西備前守《びぜんのかみ》の一族かもしれない。今中宛の書状に義昭の退座に協力した文言がないのは、伊賀衆ではなかったことの証左であろう。今中氏は代々将軍に仕えたとされており、今中宛のみ藤英単独だったのは、他の伊賀衆とは背景が異なっていたからだろう。各氏について確認してみよう。

村井祐樹氏も指摘しているが、伊賀国の軍記『伊乱記』には竹屋以外の十三氏が確認できる。竹屋氏は、伊勢・志摩・伊賀国の地誌『三国地志』伊賀国の部で確認できる。服部氏の流れである。

他の信頼の置ける史料で確認できるのは、竹屋（『兼右卿記』『信長公記』）、岡嶋（『兼右卿記』）、岡本（『木津《きづ》家所蔵文書』『信長公記』）、田屋（『信長公記』）、奥（『木津家所蔵文書』『春日神社所蔵文書』『子守社《こもりしゃ》棟札』）、大西（『春日神社所蔵文書』）、福山（『兼右卿記』）、米野（『子守社棟札』）、田中（『鹿嶋《かしま》神社所蔵棟札』）、菊川（『西連寺《さいれんじ》過去帳写』）、宮田（『実報院《じっぽういん》諸国旦那帳』『伊勢伊賀戦争記』）である。

菊山氏については、軍記物に荒木《あらき》村の菊山祐玄《ゆうげん》（後出する荒木又右衛門の祖父）が見える。『三国地志』には伊賀郡などの菊山氏堡が記載されている。また、森田右近介のみ通称が記されているが、信頼できる史料から同一人物は確認できない。ただ、永禄十年（一五六七）と推測できる十一月十五日付で義昭から上洛戦に協力するように呼びかけられている森田与十郎（『源喜堂古文書目録』）は、伊賀の森田氏と思われ、右近介と同一人物か、近い関係だろう。森田氏は伊賀国では有力者と思われ、井田《いだ》（猪田）の森田氏や、一宮《いちのみや》城主の森田入道浄雲が軍記物に見える。

使者は甲賀衆か

使者となっている「高勘」「高新」「富治豊」については人物比定が難しく、村井氏も不明としている。多少の知見を得たので確認してみよう。

「高勘」については、吉田兼見の『兼見卿記』『伊賀国下向記』に該当しそうな人物が登場する。天正八年（一五八〇）十二月十二日条「（甲賀）高峯勘十郎」、十三日条「高峯勘十郎」、十四日条「甲賀郡高峯勘十郎」（『三重県史』通史編中世でも指摘）、十七日条「甲賀高峯」、二十四日条「甲賀の高峯勘六郎」、天正九年正月二十八日条「（江州甲賀）高峯勘六郎」が登場する。永禄九年（一五六六）の時期とは十三、四年の開きがあるので、同一人物かどうか不明だが、「高勘」は、高峯勘十郎か高峯勘六郎と同一人物、もしくは一族だろう。

高嶺《たかみね》（滋賀県甲賀市）は甲賀郡油日荘《あぶらひのしょう》のうちであり、和田惟政の拠点である和田の分郷で、伊賀国に隣接している。高嶺（高峯）氏は甲賀二十一家中の南山六家の一つ。代々「高嶺蔵人《くろうど》」が領していたという。天正十二年（一五八四）にも甲賀郡の郡中惣《ぐんちゅうそう》の奉行として高峰氏が確認できるが、翌年には改易《かいえき》され、甲賀郡中惣は消滅した（『甲賀市史』）。高嶺氏は、他の甲賀衆同様に、天正十三年、羽柴秀吉の紀州雑賀攻めに参陣したが、その時の不手際によって改易されたようである。その後、子孫の高嶺新右衛門が高嶺などを領したが、関ヶ原《せきがはら》合戦の前哨戦《ぜんしょうせん》となった伏見城攻防戦の時、伏見城に籠城し、討死したという。「高新」は、この高嶺新右衛門に連なる人物だろう。また、伊賀の史料を見ると、甲賀郡との境に築かれた「伊賀見城」（阿拝郡）は、近江の鷹峯（高嶺）の領主鷹峯氏の城としており、甲賀郡から伊賀国へ勢力を扶植していた。

高嶺蔵人は桶狭間の戦いの時、今川方の岡部元信に属し、敗戦後、帰国途中の刈屋城の攻略に活躍したというが、信用しがたい。

「富治豊」については、「富」は富野《との》の省略、つまり富野氏ではなかろうか。応仁の乱の頃に伊賀衆が守っていた山城国久世郡の富野城を地盤とした富野氏の可能性もある（前記今中氏は富野も領していた）が、甲賀の富野氏だろう。永禄十一年（一五六八）と推測されている四月八日付の甲賀諸侍中宛信長朱印状（『山中文書』）に、甲賀からの使者として「富野」が派遣され、太刀・馬を贈られたことを謝し、和田惟政が説明するとある。この富野氏は甲賀の佐治《さじ》一族である。甲賀「廿一家古士連名」に「富野治郎助」の名前が見える（長谷川裕子『戦国期の地域権力と惣国一揆』）。時代は遡るが、天文十三年（一五四四）には佐治一族の富野弾正左衛門尉が確認できる（『小佐治佐治家文書』）。なお、『三国地志』には山田郡の富野氏宅址《たくし》は富野小右衛門が拠ったところとしている。

高峰、富野ともに甲賀衆と思われ、伊賀衆（一部、山城衆、大和衆の可能性もある）への使者として同盟を結んでいた甲賀衆が担ったのだろう。とくに高峰氏については、義昭の逃避行に中心的な役割を果たした和田惟政とは領地が隣接しており、しかも伊賀国へも勢力を伸ばしていた可能性があり、伊賀衆への使者として適任だったと思われる。

伊賀衆との関わり

伊賀衆は、のちに成功した上洛戦（永禄十一年〈一五六八〉九月）ではほとんど表に現れないが、第一次上洛計画では、その立地もあり、重要な役割が期待されたと思われる。信長と伊賀衆の関係は、当初は、義昭を中心とした与同勢力として協力関係だった。その後、情勢の変化とともに敵対関係に入っていくことになる。ただし、「伊賀衆」を一括《ひとくく》りにして論じることはできない。各種史料に「伊賀衆」と出てきても、惣国を代表する伊賀衆であるのか、単に伊賀出身の複数人数を示したものか、区別がつかない。むしろ、惣国を代表した場合は少なかったと思われる。グループごとに傭兵として雇われれば、信長に敵対することもあり、時には信長陣営になって戦うこともあったと思われる。六角承禎は伊賀衆と友好関係だったが、承禎時代（永禄元年以降）でも「伊賀衆」が承禎の敵側に回ることもあった（『百々元之助氏所蔵文書』）。ちなみに、蒲生氏郷が後年、伊東《いとう》半五郎に宛てた書状（個人蔵）によると、観音寺城攻めの時、伊賀衆が信長軍の先陣を務めたと記しているが、書状の信憑性に問題があろう。

元亀四年（一五七三）七月、将軍義昭が槇島城に拠って信長に再度の叛旗を翻したが、この頃のものと思われる甲賀郡中惣の某書状（『山中文書』）に「以前、織田軍が甲賀郡へ乱入する計画があった時、甲賀郡から伊賀衆に対し、協力してほしいと依頼し、伊賀衆は同心したにもかかわらず、何の相談もなく織田と和睦してしまった」旨の文言がある。甲賀郡に近い壬生野・佐那具・河合の三郷は信用できるが、伊賀惣国に対しては不信感を持っている。伊賀惣国の統制力は弱く、各自の判断で動くことが多かったようである。逆にいえば、惣国一揆の掟書を定めなければ、一致協力することができなかったともいえよう。伊賀衆の特徴であり、弱点でもあった。

まずは『信長公記』に登場する「伊賀衆」と思われる箇所を確認してみよう。甲賀衆と一緒に三回登場する。

最初は、元亀元年（一五七〇）六月。信長はこの年四月に越前攻めに出馬したが、姻戚関係の浅井氏が寝返ったため、いったん京都まで撤退し、その後五月二十一日に岐阜へ下向した。永禄十一年（一五六八）九月の上洛戦では観音寺城の六角氏を追い落としていたが、六角氏は信長が不利な状況になるのを見計らって、地盤である南近江の各地で一揆を煽動し、さらに自らも野洲川へ出陣し、六月四日、佐久間信盛・柴田勝家の軍と落窪《おちくぼ》（滋賀県野洲市）で激突した。

その時の様子について「三雲父子、高野瀬《たかのせ》、水原《みずはら》、伊賀、甲賀衆究竟《くきょう》の侍七百八十討取り、江州過半あい静まり候」と記している。六角氏家臣の三雲父子、高野瀬某、水原某、および伊賀・甲賀の屈強の侍七百八十人を討ち取ったとしている。

次は元亀四年（一五七三）二月。将軍義昭が信長に叛旗を翻し、与党の山岡景友《やまおかかげとも》が大将となって伊賀・甲賀衆を率いて石山（滋賀県大津市）に築いた砦に籠城した。池田《いけだ》家本ではもう少し詳しい説明がある。山岡景友、磯貝《いそがい》新左衛門（久次《ひさつぐ》）、渡辺《わたなべ》党の者が「伊賀・甲賀の者を引き出し、今堅田《いまかたた》へ人数を入れ、石山に取出《とりで》の足懸りを構え」たため、信長は柴田勝家、明智光秀、丹羽長秀、蜂屋頼隆《はちやよりたか》に攻略を命じた。彼ら四人は二月二十日に出陣し、二十四日には瀬田《せた》を渡湖し、伊賀・甲賀衆が籠る砦を攻撃した。にわか普請で完成していなかったため、二十六日には攻略し、砦は破却された。「引き出し」という語感からは強引に援軍を要請したような印象を受ける。三年前に大きな損害を受けていたので出陣に逡巡《しゅんじゅん》していたのかもしれない。

最後は同年（天正元年）十月の長島攻めに際してもの。信長は元亀元年（一五七〇）、いわゆる志賀の陣で苦戦している時、本拠である尾張の小木江《こきえ》城の織田信与《のぶとも》（信長の実弟）が一揆勢に攻め殺されたことがあったが、どうすることもできなかった。翌元亀二年五月には長島に攻め入ったが、はかばかしい成果を上げることなく帰陣していた経緯があった。二度目の長島攻めになるが、この時は、将軍義昭を追放し、浅井・朝倉両氏を相次いで滅ぼすなど破竹の勢いをもって九月二十四日、長島攻めに出馬した。北伊勢を平定し、長島も過半制圧し、十月二十五日、帰陣に移ったところを一揆勢がゲリラ戦を展開して信長軍を苦しめた。

［読み下し］

信長退《の》かせられ候を見申し、御跡へ河内の奴原《やつばら》、弓・鉄炮《てっぽう》にて山々先々へ移り回り、道の節所を支え、伊賀・甲賀のよき射手の者共馳せ来って、さしつめ引つめ散々に射倒す事際限なし。雨強く降って、鉄炮は互いに要らざる物なり。ここに越前衆のうち毛屋猪介《けやいのすけ》、ここにては支え合い、かしこにては叩《たた》き合い、数度の働き比類なし。殿《しんがり》には信長公の一のおとな林《はやし》新次郎残し置かせられ、数度追い払い、節所の詰まりにては相支え、火花をちらし相戦い、林新二《ママ》郎ならびに家子郎党枕を並べ討死なり。

［意訳］

信長軍が退却に移ったのを見て、長島の一揆勢は弓・鉄砲を携え、信長の帰路を先回りして待ち伏せ、伊賀・甲賀の優秀な射撃手が集まり、連続射撃で織田軍の兵士を数限りないほど打ち倒した。風雨が強くなり、互いに鉄砲は使えなくなった。この時、越前衆の毛屋猪介が比類ない働きをした。一番家老の林新次郎が殿軍《しんがり》（退却する部隊の最後尾）を受け持ち、敵軍を撃退したが、最後には新次郎も家臣も討死した。

伊賀衆は甲賀衆と並んで「よき射手」と評価されており、やはり射撃能力に優れていたのだろう。

甲賀衆も第一次上洛計画では、義昭陣営だったが、もともと六角氏配下として働くことが多かったことから、六角氏が反義昭となるに及んで、甲賀衆も反義昭（反信長）として行動するようになる。ただ、「甲賀衆」イコール「甲賀郡中惣」ではないので、甲賀郡を挙げての敵対行動と見ることは危険である。それでもかなりの人数が参戦しているので甲賀郡中惣に近いかたちで参陣した可能性はある。

六角承禎は、元亀元年（一五七〇）末に、信長が浅井・朝倉と和睦するに先立ち信長と和睦していたが、その後決裂し、信長への抵抗を続けていた。長島攻めの時の参陣も六角氏の要請があった可能性がある。結局、天正二年（一五七四）四月十三日、承禎父子は最後の拠点だった石部城を退去し、ここに実質的に近江の名門六角氏は滅びた。石部城には佐久間信盛が入り、六角氏の没落とともに甲賀衆は寄る辺をなくし、信長の軍門に降ったと思われる。

甲賀衆も一枚岩ではなく、信楽《しがらき》の多羅尾氏などは早くから信長に通じており、そうしたルートから服属したのかもしれない。甲賀出身の滝川一益も関与しただろう。甲賀衆が信長陣営となったことで、共同戦線を張ってきた伊賀衆は孤立することになり、国境の防御強化を図ったと思われる。信長から見れば、伊賀国は準敵国だったが、伊賀衆から積極的に敵対行動ができるはずもなく、放置した状態が続くことになる。

なお、信長の鉄砲隊を指揮したといわれる坪内利定《つぼうちとしさだ》は、時期は不明ながら、信長から与力として根来衆《ねごろしゅう》・伊賀衆・甲賀衆の鉄砲足軽二百人を付けられたという(『坪内文書』)。残念ながら、伊賀平定作戦で配下の伊賀衆が活躍したという記述は見当たらない。

信長の役割

次期将軍候補の義昭に協力する姿勢を見せていた戦国大名としては、信長以外では、越後の上杉謙信と越前の朝倉義景が挙げられる。中国の毛利氏は、積極的な支援を受諾した気配がない。甲斐の武田信玄も遠方を理由に直接的な軍事支援は婉曲《えんきょく》に断っている。畿内隣国の有力大名では、南近江の六角氏、北近江の浅井氏、伊勢の北畠氏、美濃の斎藤(一色)氏、畿内の畠山氏にも協力を呼びかけていた。丹波国や播磨国では、赤井《あかい》氏や赤松氏などにも協力要請していた。なりふり構わず、日本全国といっていいほど広範囲に支援を要請していたが、この中でも信長への期待は最大だっただろう。畿内近国という立地条件があり、しかも一国規模の大名でもあった。謙信はやはり遠方に過ぎ、義景は加賀一向一揆に手を焼いている状況であってみれば、「信長しかいない」と期待を膨らませるのは当然だった。

信長に対する義昭の「御内書」を確認してみよう。信長宛の御内書は確認されていないが、信長の取次役への御内書や、信長からの返書などでその存在が分かる。

まずは信長との最初の接触はいつだったのだろうか。

義輝が暗殺されたのは永禄八年（一五六五）五月十九日。この年と推測される六月二十四日付の河田長親《かわだながちか》、直江景綱《なおえかげつな》（上杉謙信家臣）宛遊佐（安見）宗房書状（『河田文書』）によると、義輝暗殺以降の情勢を記し、その中で大覚寺義俊（義輝の叔父）が幕府再興に向けて「越州、若州、尾州そのほか国々」に対し尽力するよう要請する旨が記されている。越前の朝倉義景、若狭の武田義統、尾張の織田信長らに対し、早くも接触していることが分かる。

興福寺から脱出後、全国各地の大小名に支援を要請し、この年にも軍事行動を起こし上洛する意向だったようだが、幻に終わった。翌年のいわゆる第一次上洛計画以前になる。この時点では信長が軍事的に支援する余地はなかったと思われる。

その後、信長が二回にわたって御内書を受け取っていた史料がある（東京大学史料編纂所所蔵）。

［原文］

就御入洛之儀、重而被成下御内書候、謹而致拝閲候、度々如御請申上候、上意次第不日成
共御供奉之儀、無二其覚悟候、然者越前・若州早速被仰出尤奉存候、猶大草大和守・和田
伊賀守可被申上之旨、御取成所仰候、恐々敬白、
十二月五日　　　　　　　　　　信長（花押）
細川兵部太輔殿

［意訳］
義昭様の上洛について再度御内書を頂戴し、謹んで拝見しました。たびたび申し上げているように、上意次第でいつでも供奉いたします。無二の覚悟です。共同戦線を張るためにもすぐにでも越前の朝倉氏、若狭の武田氏に対し供奉を要請してください。なお、大草《おおくさ》大和守、和田惟政が申し上げます。義昭様によろしくお伝えください。

同文書については、年次比定が焦点となる。永禄八年（一五六五）から同十年までの可能性が指摘され、文書の内容や右筆《ゆうひつ》（書記役）の筆跡、信長の花押の形状から年次が比定されている。詳細は省くが、花押の変遷の研究が正しければ、永禄八年になる。そうすると、信長は短い期間に二回も御内書を受け取っていたことになる。義昭の焦りが垣間見えるが、この時期信長は美濃攻めに専念しており、とても上洛に供奉できる状況にはなかったと思われ、

単なるリップサービスとしか受け取れない。前述したように、この頃、義昭の上洛計画（幻の第一次上洛計画の前の計画）が進行しており、信長もその一角を担うように期待されていた。

翌永禄九年（一五六六）には具体的に上洛計画が進むようになる。義昭は信長が上洛軍を編成するにあたって障害となっている斎藤氏に対し、信長との和睦を命じ、いよいよ八月二十二日に進発する手筈が整った（前述）。軍事的には信長軍が中核に据えられていたと思われる。ただ、この時点でも信長が本気で上洛に供奉しようと考えていたかは疑問の余地がある。前述したように、近江の情勢が不穏になったため、軍事行動は見送った。

義昭は、信長の出陣がないことを知って落胆したが、それでも信長を頼るしかなく、引き続き信長への説得を続ける。その後、若狭を経由して越前に流浪するが、義景は義昭一行を丁重に迎えたものの、上洛に供奉する気構えがなく、結局は再度信長を頼ることになる。

3　足利義昭の上洛

伊賀衆と敵対

六角氏が義昭・信長陣営と敵対するようになると、六角氏配下の甲賀衆と連携していた伊賀衆も信長と敵対することになる。幻となった第一次上洛計画では、当初は六角氏も義昭陣営として上洛作戦に協力的だったが、三好方からの誘いに乗り、寝返る。甲賀衆も六角配下として反義昭の行動をとるようになる。

甲賀衆を代表する和田惟政は一貫して義昭を庇護していたが、甲賀衆をまとめて義昭陣営に留めることはできなかった。むしろ大勢は反義昭となっただろう。伊賀衆も当初は、守護仁木氏をはじめ逃避行の時から義昭とは友好関係で、義昭からの協力要請に応じる姿勢だっただろう。また、上洛翌年正月の六条本国寺《ほんこくじ》（本圀寺）の戦いでは、伊賀の服部氏も義昭とともに籠城して活躍している（『記録御用所本古文書』）。服部氏単独ではなく、伊賀衆として義昭陣営にあったものと思われる。しかし、同盟先の甲賀衆に引きずられたのか、反義昭陣営に転じ、甲賀衆以上に信長に対して徹底抗戦を続けるようになる。

六角氏は、戦国時代から将軍の親征で苦戦に陥ると甲賀山中に逃げ込み、ほとぼりが冷めると観音寺城に戻るという「習性」があったが、永禄十一年（一五六八）九月の信長軍の侵攻時も、属城の箕作城があっけなく落城すると、観音寺城での徹底抗戦を諦めて「自落」し、甲賀山中へ逃げ込んだ。その後、伊賀衆を頼って伊賀国へ逃げ落ち、各地でゲリラ戦を展開するなど、しぶとく抵抗したものの、天正二年（一五七四）四月、六角承禎父子は最後の拠点だった石部城から逃げ落ち、その後復活することはなかった。

少し先走るが、信長は永禄十二年（一五六九）の北畠攻めの時、平定後は伊賀国、大和国を経由して上洛する予定だった（『益田家文書』）。三河、遠江、尾張、美濃、近江、北伊勢から十万人を動員して十日ほどで平定すると見られていたが、興福寺多聞院の『多聞院日記』九月七日条には、信長方が苦戦し、甲賀衆と伊賀惣国が近江で一揆を蜂起させたという風聞を記している。六角氏と縁戚関係にある北畠氏に与同し、後方攪乱を図ったのだろう。北畠攻めで苦戦したため伊賀国を経由するルートは採らなかったが、伊賀国を敵対勢力と見て、懐柔しながら上洛する予定だったのかもしれない。

上洛戦の成功

話は戻るが、永禄十一年（一五六八）九月、信長は将軍候補の義昭を奉じて四万余とも六万ともいわれる大軍を催し、近江国を経て上洛した。

第一次上洛計画が頓挫し、前述のように義昭は若狭を経て、越前の朝倉義景を頼っていた。しかし、義景は上洛に供奉する意思がなかったようで、前年に美濃を併呑《へいどん》した信長に再度、頼ることになった。信長も前回の上洛計画の時とは状況が変化し、尾張、美濃、北伊勢を領する大大名に成長していた。畿内近国では最大の大名である。

前回不首尾に終わったことで、今回は、義昭に対し上洛に供奉することを「厳重」に申し送った。永禄十一年七月二十五日、信長は家臣を越前に派遣し、義昭を迎えた。義昭は、世話になった義景のもとを離れ、近江を経由して美濃の立政寺《りゅうしょうじ》に入った。本気になった信長の動きは素早い。翌八月七日には、三好方に寝返っていた南近江の六角承禎を説得するために佐和山まで出向き、七日間にわたって交渉したものの敵対の意思が固く不調に終わった。もはや軍事行動あるのみと判断し、九月七日、上洛の師を起こした。

本国の尾張に加え、前年平定したばかりの美濃、同じく前年から攻略しつつあった北伊勢の軍勢、さらには三河の徳川家康の援軍も加え、四か国から成る大軍を率いて南近江を席捲した。この時、同盟関係を結んでいた浅井氏の軍勢がどこまで軍事協力していたかは不明である。上洛戦の戦いをめぐって信長の家臣と浅井長政の家臣が諍《いさか》いを起こしたという逸話もある。

信長は、小城を相手にせず、敵中深く侵入し、六角氏の本拠観音寺城の支城である箕作城を力攻めにした。『信長公記』にも記述があるが、同程度の史料的価値のある『足利義昭入洛記』（『東山御文庫御物』）にもその時の様子が記されている。箕作城を攻める前に、隣接する「神明か岳」を攻め落とし、信長自身が「神明か岳」に登り、箕作城攻めを命じた。箕作城は峻険を恃《たの》んで頑強に抵抗し、信長軍の被害も大きくなったが、「信長怒りをなして」厳命したことで攻略に成功した。指呼《しこ》の間《かん》の観音寺城からこの様子を見ていた六角父子は恐れをなし、夜中に逃亡する体《てい》たらくだった。

いったん東福寺《とうふくじ》に陣を据えたが、京都を牛耳っていた三好軍の主力を叩くために、まずは三好三人衆の一人石成友通が籠る勝龍寺《しょうりゅうじ》城を攻撃。次いで芥川《あくたがわ》城、越水《こしみず》城、滝山《たきやま》城、池田《いけだ》城など三好勢の重要拠点を相次いで攻略した。『信長公記』は「五畿内隣国皆以て御下知に任せらる」と表現するほどの大勝利だった。『多聞院日記』も「希代の勝事《しょうじ》なり」（めったにないすぐれたこと）と称《たた》えている。

摂津平定後、上洛し、十月十八日、義昭は晴れて征夷大将軍《せいいたいしょうぐん》に就いた。三年以上の流浪の末にようやく目的を達することができ、信長への感謝は一通りではなかった。信長への褒賞として副将軍職か管領職を打診したが断られたため、信長のことを「御父《おんちち》」と敬う感状を与えて報いた。「武勇天下第一」などと最大級の賛辞を贈っている。

最近の研究では、信長の印文「天下布武」は、この時点で達成されたという。「天下」、すなわち京都、もしくは畿内近国において、将軍を中心とする秩序が回復したという理解である。信長は京都に留まることなく、十月二十六日、京都を発ち岐阜へ下向した。

三好勢を京都から追い落としていたが、信長が岐阜に帰国すると、三好軍は捲土重来《けんどちょうらい》を期し、まずは堺近辺の家原《えばら》城を落城させ、その勢いで年末から京都に向かって進軍し、翌永禄十二年（一五六九）正月、将軍御所となっていた六条本国寺を襲撃した。留守部隊と周辺の義昭方の援軍が到着し、三好軍を撃退することに成功する。

岐阜の信長のもとへも急使が到着し、即座に出陣、三日行程のところを二日で上洛し、義昭の危急に駆けつけた。もっとも、信長が駆けつけたのは三好軍は撤退した後だった。将軍が急襲されたことから、信長は将軍義昭のために堅固な御所が必要と判断し、二条城《にじょう》を造営する。この時、諸国から工事従事者を徴集した。信長の本国ともいうべき尾張、美濃に加え、伊勢、近江などのほか、「伊賀」からも人員が上洛していた（『言継卿記』）。六角氏が伊賀に逃げ込んでいたが、この時点では伊賀衆としては義昭や信長に敵対する行動はとっていなかったことになろう。

第三章　北畠信雄の独断と挫折——第一次天正伊賀の乱

1　北畠氏の動向

北畠氏の滅亡

伊賀国にも影響力のあった名門北畠氏は、村上天皇《むらかみ》（平安中期に在位）の皇子具平親王《ともひら》の子師房《もろふさ》が源姓を与えられたことに始まる村上源氏である。後胤《こういん》の通方《みちかた》が中院氏《なかのいん》を立て、その子雅家《まさいえ》が洛北の北畠に居住したことから北畠氏を称した。周知のように北畠親房《ちかふさ》は南朝方として活躍した。親房の三男顕能《あきよし》（伊勢北畠氏初代）は南朝から伊勢国司に任ぜられ、その職を代々継承した。南伊勢に加え、大和国の宇陀郡、さらに南伊賀にも影響力を持った。信長の時代の当主は八代目の具教《とものり》だが、信長と敵対する前に嫡男具房《ともふさ》に家督を譲っていた。南近江の六角氏とも縁が深く、具房の母は六角氏出身である。

北畠氏略系図

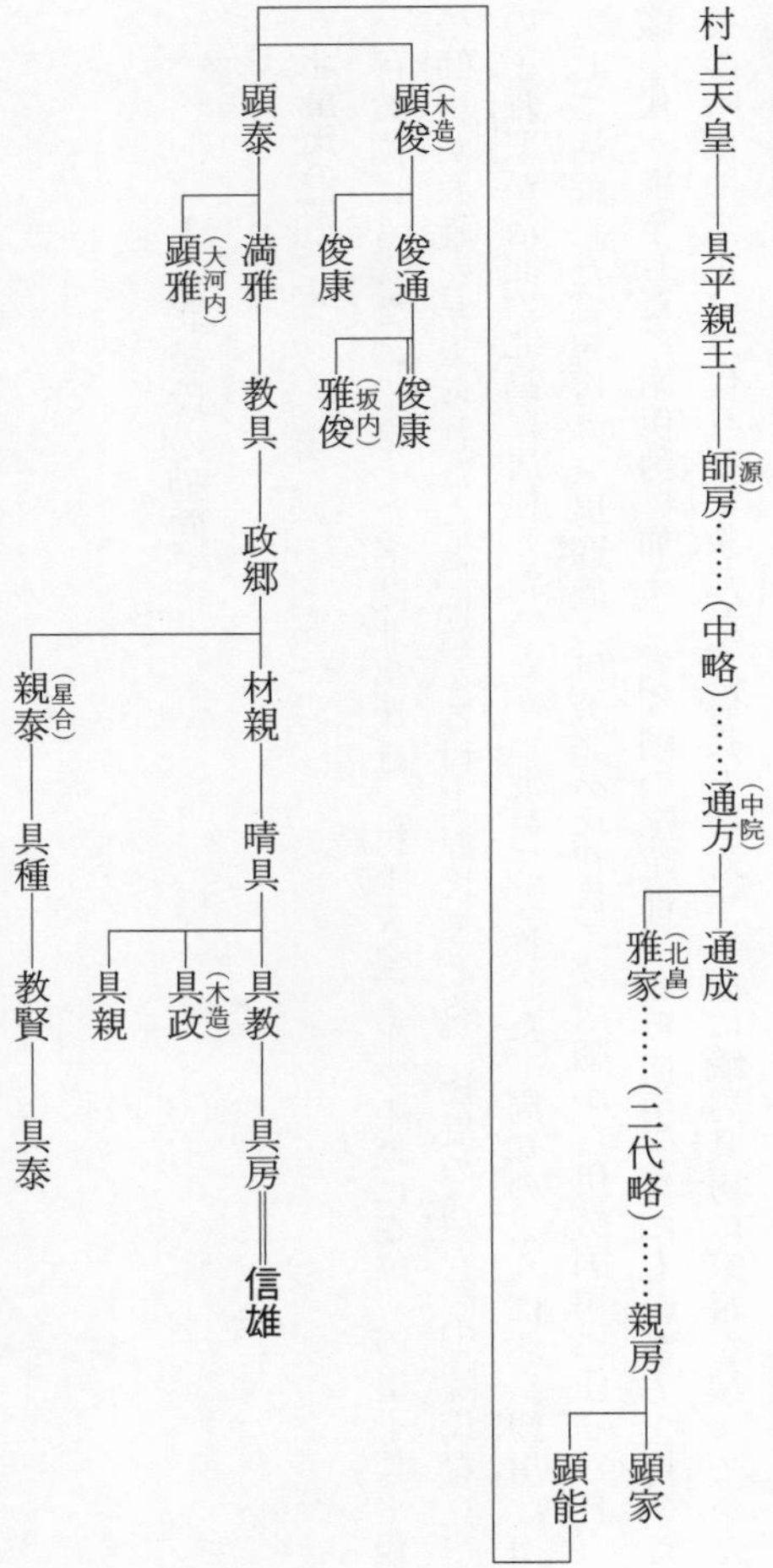

信長は永禄十年（一五六七）頃から北伊勢に侵攻を開始し、関氏、神戸《かんべ》氏、長野氏などを麾下に組み入れていった。三男の信孝《のぶたか》は神戸氏へ、実弟の信包《のぶかね》（信良《のぶよし》）は長野氏へ養子として送り込み、御家乗っ取りを進めた。当然、南伊勢を拠点とする北畠氏も警戒心を強めただ

ろう。幻の第一次上洛計画では、伊賀衆は協力的だったと思われるが、北畠氏の動向はよく分からない。史料の残存状況も勘案する必要があるが、どうも積極的ではなかったようである。当初、協力的だった姻戚の六角氏も三好方に寝返り、「反義昭」に転じたことで、北畠氏も中立的な立場から、反義昭陣営に属した可能性がある。これが永禄十二年の北畠攻めの要因だったのではなかろうか。永禄十一年の上洛戦に協力しなかった北畠氏や朝倉氏は敵性勢力とみなされ、信長から討伐対象とされたのだろう。

信長は永禄十二年（一五六九）早々には北畠攻めを計画していたようだが、京都に滞在する将軍義昭が三好勢の反攻を受け、六条本国寺を急襲されるという事件が勃発したことで予定を変更した気配がある。信長は堅固な将軍御所の必要性を痛感し、義昭のために自ら工事現場に立ち、突貫工事で二条城を完成させた。その後、帰国した信長は、木造具政《こつくりともまさ》（北畠具教の実弟）の内応を契機に、八月には具教の大河内《おかわち》城攻めを開始する。思いのほか苦戦したことで、次男の茶筅《ちゃせん》（のちの信雄《のぶかつ》）を北畠氏の養子に入れることで開城させることに成功した。

織田氏略系図

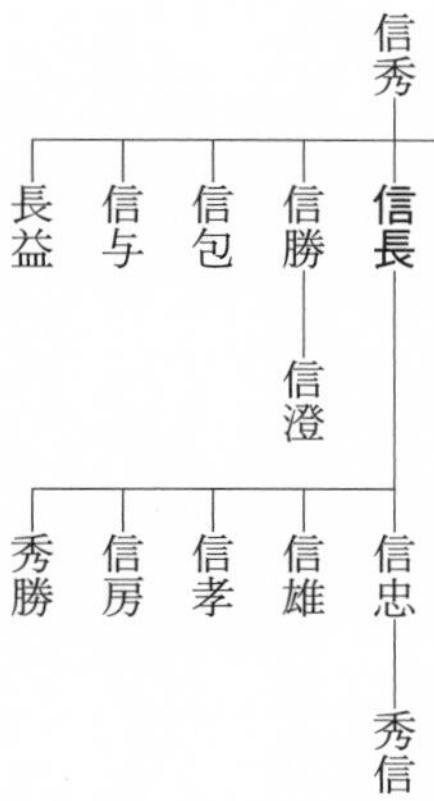

その後、天正三年（一五七五）六月、信雄が北畠氏の家督となり（『多聞院日記』）、権力を掌握していくようになる。具教は一線から退くことを余儀なくされたと思われる。

翌天正四年十一月、信長は北畠一族の粛清を図り、具教は三瀬御所《みせのごしょ》（三重県大台町《おおだいちょう》）において旧臣の手にかかって落命した。主な一族も粛清対象となったが、具教嫡男の具房は助命された。信雄の養父にあたることから、殺害を憚《はばか》ったのだろう。しかし、「河内」（長島か）というところで幽閉（「囚人」）され、天正八年（一五八〇）正月五日に死去した（『年代和歌抄』）。

北畠家中で隠然たる力を持っている具教一族の粛清は、北畠家中で信雄が権力を握るためには必要不可欠と判断されたのだろう。また、具教は信長に敵対した武田信玄や将軍義昭と誼《よしみ》を通じており、謀叛の代償ともいえた。

殺害された場所が三瀬であることから「三瀬の変」ともいわれるが、良質な史料では確認できない。三瀬より北の「大石《おいし》」（三重県松阪市）の可能性もある。前述した『伊勢参宮海陸之記』（五三〜五四頁参照）の天正四年（一五七六）七月の記事である。

日記の記主の西園寺宣久は伊勢神宮参宮の帰路、仁柿《にがき》（松阪市）で宿泊し、「前の国司小石（大石）というところにおわすなり。多気をば飽き給《たま》うという。当時の国司茶筅殿、城は田丸にあり」と書き残している。文字通り前国司なら具房であり、具教とは別に居を構えていた可能性もあるが、前国司というのは具教を指していると思われる。具教は、多気に飽きたので大石に移っていたのかもしれない。茶筅は信雄のことであり、この時には田丸に在城していたことが分かる。

『伊勢国司記略』（斎藤拙堂《せつどう》著）によると、永正年間（一五〇四〜二一）、国司の北畠材親《きちか》が入道後、大石に隠居し、「大石御所」と呼ばれたという。斎藤拙堂（江戸末期の儒学者）の時代には、御所屋敷という字名《あざめい》として残っており、この地は「頗《すこぶ》る佳境なり」と評している。大和国から参宮する街道でもあった。具教はこの「大石御所」に移っていた可能性もあろう。『三重の中世城館』によると、遺構は見られないという。

北畠氏再興の動き

北畠具教をはじめとした北畠一族が粛清されたが、その直後から北畠氏再興の動きが始まる。具教の長弟木造具政は、具教を裏切ったが、次弟の東門院《とうもんいん》（のちの具親《ともちか》）は室町期から北畠氏の子弟が入室していた興福寺東門院にあった。北畠氏は、大和宇陀郡とのつながりが深い東門院へ子弟を入室させることで宇陀郡支配を円滑に進める狙いがあった（大薮海『室町幕府と地域権力』）。具親の生年は不明だが、同じく一乗院門跡となっていた足利義昭と同世代と思われる。両者に交流があっても不思議ではない。後年、北畠氏再興に失敗した具親が、備後鞆の浦に下向していた義昭を頼ったのも興福寺時代の誼があったからだろう。実際、義昭は上洛戦の成功の翌年（一五六九）閏五月二十三日付で東門院に対し、邸宅普請のための協力を求め、駿馬《しゅんめ》を所望する御内書を出している（『大阪城天守閣所蔵文書』）。

東門院時代の具親の動向はほとんど摑めないが、『二条宴乗記』元亀二年（一五七一）十月十五日、十六日条に「東門院殿」が登場する。記主の宴乗が伊勢参宮に発足し、十五日、伊勢本街道の菅野《すがの》の安能寺《あんのうじ》（奈良県御杖《みつえ》村）へ立ち寄った時に登場する。北畠氏の拠点多気などを経由することから関所などでの便宜を図ったようである。

『勢州軍記』『勢陽雑記』などの軍記物や地誌類によると、天正四年（一五七六）冬、具教の舎弟である奈良の東門院は、具教横死の由を聞いて激怒し、密《ひそ》かに奈良を出て、伊賀国へ入り、奈垣《ながき》（名張郡）の吉原左京亮《よしはらさきょうのすけ》を頼った。しばらく逗留したのち、還俗して北畠具親と名乗り、その後、三瀬（三重県大台町）、川俣《かばた》（松阪市）、多気（津市）、小倭《おやまと》（同市）などの諸侍を誘ったところ、譜代の誼を忘れず具親に同心し、伊勢国内で蜂起したという。とくに川俣の国衆は、川俣がもともとは東門院の院家領であったことから結びつきも強く、無二の忠節を誓った。

北畠氏は大和の沢・秋山・芳野《ほうの》の宇陀三人衆を従属させていたが、この縁を頼り、具親も沢氏と連絡をとっていた。これは信長の知るところとなったが、沢氏は信長から赦免され、知行などを安堵されている（『沢氏古文書』）。沢氏は単に具親と連絡していただけであり、具体的に反信長の動きをしなかったから赦免されたのだろう。具親は宇陀三人衆の協力は得られなかったと思われる。

具親は、（天正五年）八月二十七日付で熊野那智《くまのなち》大社に伊勢への入国を祈願した（『熊野那智大社文書』）が、かつての家臣筋だった信雄の軍勢によって、川俣、多気、三瀬、小倭の拠点が次々と攻略され、さらに具親が拠点としていた森城《もり》（松阪市）も大軍に攻囲され、森城を抜け出し、将軍義昭が身を寄せていた備後の鞆の浦へ落ちていった。結局、天正四年末に蜂起したものの翌年には鎮圧され、具親の北畠氏再興は成らなかった。後述するように、具親は本能寺の変後、再蜂起する。

前述のように、天正四年（一五七六）十一月二十五日、北畠具教は信長の命によって旧臣らに惨殺された。同時に田丸城において、具教の次男長野御所、三男式部少輔のほか、一族の坂内《さかない》御所、大河内御所、波瀬《はぜ》御所、岩内《ようち》御所も謀殺された。具教の外孫亀寿《かめじゅ》（のちの具《とも》泰《ひろ》）は、粛清を逃れた。直後の十二月六日には、一門の北畠具親から味方になるよう要請されている。

また、流浪中の六角承禎にも支援を要請し、十二月十八日付で協力する旨の返事をもらっている。承禎は北畠氏に後継者がいない時には具泰が相続するように義昭に進言するとしている（『坂内文書』）。北畠氏は有力な分家を輩出しているが、とくに坂内、田丸、大河内の三家は「北畠三大将」として重視された家柄である。具泰は具教の外孫であり、相続するに相応しい血統の一人と見られていたのだろう。

具泰も伊賀国内で具親とともに北畠氏再興を企図し、（天正五年）九月二日付で熊野那智大社に祈願し、近々軍事行動を起こすと記している。九月十二日には甲斐の武田勝頼から書状を受け、勝頼からの支援も取り付けている。しかし、反信長陣営というだけのつながりであり、実効性が伴っていたとは言いがたい。具親、具泰が掲げた北畠氏の再興は実を結ばなかったが、のちに具泰が北畠氏の家督を相続することになる。

なお、『干城録《かんじょうろく》』『寛政重修諸家譜《かんせいちょうしゅうしょかふ》』『群書系図部集』などの系図類には、織田家に逆らったことは一切書かれていない。それもそのはずで、のちに信雄を頼ったからである。具泰の場合は、叔母が信雄の正室であったからだが、逆にいえば、北畠再興に向けての動きでは、擁立されただけで具泰にはそれほどの罪はなかったのだろう。また、大した脅威にもならなかったことも大きい。具親の場合は、姪《めい》が信雄の室にあたる。

2 丸山合戦

通説に見る丸山合戦

天正七年（一五七九）のいわゆる第一次天正伊賀の乱の発端となったのが、北畠信雄の丸山城築城における伊賀衆の敵対行動である。しかし、その年次を含めた実態については信頼できる史料がなく、もっぱら軍記物による再現にとどまっているのが現状である。

伊賀国の軍記物は、その内容や書名も含めて大同小異である。菊岡如幻《きくおかにょげん》の『伊乱記』（各種書名がある）が代表的である。また、地誌類では如幻の『伊賀旧考』（『伊陽旧考』とも。ただし著者に関しては異説もある）、『伊水温故《いすいうんご》』も同様である。如幻は先祖代々伊賀に住し、郷《ごう》士《し》身分から父の代に町人になり、質屋を営む豪商になっている。如幻は寛永二年（一六二五）に生まれ、元禄《げんろく》十六年（一七〇三）七十九歳で没。江戸前期の国学者であり、地誌学者として著作も数多い。ただし、その著作については「当時の社寺の存在と位置、当時の歴史的伝承・信仰行事・伝説・民俗・風習など」は評価できるが、歴史的考証分野は誤りが多く、史料として採用することの危険性が指摘されている（『伊賀史叢考』）。

第一次伊賀攻めを簡単に記すと、信雄は伊賀衆の下山甲斐守の手引きで伊賀に攻め入ったものの、伊賀衆の得意な戦法に翻弄《ほんろう》され、あまつさえ大将の一人柘植三郎左衛門尉（保重《やすしげ》）を討ち取られて大敗したという戦いだった。単なる敗戦ではなく、織田軍の名誉を傷つける失態でもあった。

通説の根拠となっている『伊乱記』の記述を見てみよう。

伊賀国内は守護仁木氏の力が弱く、国衆が乱立したが、どんぐりの背比べのなか他国のように戦国大名は登場しなかった。国衆同士の紛争が絶えないため、主立った国衆が合議し、元亀二年（一五七一）七月下旬、近江にいる仁木左京太夫義視（友梅）を国主として迎えた。友梅のために上野村に館を造営し、「御屋形」として敬った。しかし、本来の主君ではないため有力な国衆は友梅を侮り、友梅も国衆を信じることができず、反目の度を加えていった。

こうしたなか、天正三年（一五七五）頃、伊勢の旧国主北畠具教が伊賀国の領国化を画策し、その橋頭堡として丸山城を築城して侵攻する機会を狙ったが、信長と不和になり、翌年には粛清されてしまった。

名目上の国主に過ぎなかった友梅が徐々に奢《おご》り始め、伊賀国長田の百田藤兵衛が所持する閻魔《えんま》像を借りたまま返却しなかったため、藤兵衛は、一族はもとより近隣の国衆を語らい友梅に叛旗を翻した。友梅は敗北し、天正五年（一五七七）五月、近江国信楽《しがらき》に落ち延びた。

混乱が続くなか、名張郡の下山甲斐守が、北畠（織田）信雄の居城松島《まつがしま》へ伺候し、伊賀への侵攻を手引きするので、その手始めに具教が築城させた丸山城を再興させてはどうか、と提案。信雄は滝川三郎兵衛（雄利《かつとし》）を大将として派遣し、丸山城の完成を急がせた。これに対し、伊賀衆は危機感を募らせ、一味同心して、完成前の丸山城への攻撃を決議し、同年十月二十五日白昼に急襲した。雄利は迎撃し、激戦を繰り広げたが敵わず、伊勢に落ち延びた。

これに激怒した信雄は伊賀攻めを断行しようとしたが、家臣の諫《いさ》めでいったんは自重した。しかし、敗走した雄利が信雄に伊賀攻めを勧め、天正七年（一五七九）九月十六日、阿波《あわ》口（長野峠越え）、馬野《ばの》口（鬼瘤《おにこぶ》峠越え）、伊勢地《いせじ》口（青山峠越え）の三方面から伊賀へ侵攻。しかし、伊賀衆はかねてから信雄の逆襲を予想しており、迎撃態勢を整えて待ち受けていた。

信雄本隊は長野（三重県津市）で宿陣し、翌十七日、八千人の軍勢を七手に分けて阿波七郷（山田郡）へ乱入。しかし、地の利を活《い》かした伊賀衆のゲリラ戦に翻弄され、数多くの兵を討ち取られ、散々の体で、十八日、居城松島城へ逃げ戻った。

鬼瘤峠越えの別働軍は、柘植保重を大将とし、副将には日置《へき》大膳亮を付け、九月十六日未明に松島から出陣。鬼瘤峠は伊勢と伊賀の国境にあり、「嶮岨《けんそ》にして雲をつんざく木立峨々《がが》と聳《そび》え」る険路で大将の保重が討死する大敗を喫した。伊勢地口も伊賀衆に敗北して帰国した。信雄の伊賀攻めは稀に見る大失態となった。『伊乱記』には伊賀の国衆の名前を列記しているが、良質な史料で確認できる者は少ない。また、年月日を記している箇所もあるが、明らかな誤りもあり、信用しがたい。手引きした下山甲斐守を憎む者が多かったとし、甲斐守を悪者に仕立てている。また、仁木氏の記述もそのままには信用できない。

滝川雄利

ここで丸山合戦のキーパーソンとなった滝川雄利という武将について確認しておこう。名前は一盛《かずもり》、勝雅《かつまさ》、雄親《かつちか》、雅利《まさとし》、および「友足」（友忠）などと伝わっている。三郎兵衛尉、下総守、兵部少輔、刑部卿法印とも名乗る。のち羽柴名字となり、羽柴下総守。剃髪号《ていはつごう》は、一路。滝川氏を名乗っているが、もともとは伊勢源浄院《げんじょういん》の僧侶で主玄《しゅげん》と称していた。

木造具康《ともやす》の子という。具康は具政の養父である。ややこしいが、具政は北畠具教の実弟で、木造家の養子に入った人物である。雄利がなぜ木造家を継がずに僧籍に入っていたかは不明である。北畠氏の養子を迎えたことで家督争いを避けるために僧籍に入れられたのかもしれない。これを不満として雄利が還俗した可能性もある。しかし、義兄弟の具政を追い落とすのではなく、実家の北畠氏から離反させ、信長方に付かせることに成功する。永禄十二年（一五六九）の北畠攻めの時には、信長軍を伊勢国に嚮導《きょうどう》（道案内）した。その後還俗して滝川三郎兵衛尉と名乗る。信長の重臣滝川一益の養子になったともいわれるが、単に一益の擬制的な一族になったのだろう。

北畠具教を降した信長は次男の茶筅（のちの信雄）を北畠氏の養子に入れるが、雄利は、柘植保重とともに信雄の後見役に抜擢されている。北畠一族として、北畠氏と織田氏の橋渡し的な役割が期待されたのだろう。天正四年（一五七六）の北畠一族粛清の時には討手の一人として具教を討ち取り、その後も小倭一族の叛乱を鎮圧するなどの活躍を見せている。ただし、活躍の時期はむしろ本能寺の変後である。天正十年末から翌年にかけて北畠具親が蜂起し、伊賀で一揆を煽動したが、雄利に鎮圧された。『勢州兵乱記』は「大剛の者」と評している。

雄利は、世渡り上手というか、豊臣秀吉や徳川家康にも高く評価された武将である。信雄の家臣時代は別格の待遇を受け、信雄の没落後は秀吉に仕え、豊臣秀次《ひでつぐ》事件（秀吉の甥の関白秀次が謀叛の罪で切腹）に連座し、関ヶ原の戦いでは西軍に属して所領没収された。しかし、翌年には家康に召し出され、常陸国《ひたちのくに》で二万石を与えられた。関ヶ原での敵対は行き掛かり上やむを得ないと好意的に解釈されたのだろう。かなり有用な人物だったと思われる。

3　北畠信雄の敗退

第一次天正伊賀の乱

丸山城の築城が第一次天正伊賀の乱の要因といわれるが、信頼できる史料では確認できない。丸山城は、『伊賀の中世城館』によると、「伊賀乱後、再築、天守台、櫓台、土塁、空堀、武者隠しなどの遺構が残る」とし、三重県内の中世城郭では最大の規模を持つという。周囲はかなり開けており、天険に拠れない弱点があったため、防御にはかなりの工夫が施されていたと思われる。

『三重の中世城館』は、「現在、本丸には天守土台をはじめ本丸櫓跡や空堀が残り、本丸より北へ延びた尾根には郭《くるわ》が連なり、西之丸や南の郭、出丸《でまる》等が比較的良く保存されている。西之丸の櫓台様のものは貯水槽で往昔《おうせき》のものではない。城を取りまく比自岐川《ひじきがわ》は、この城の外堀の役目をし、川を隔てた北には、滝川三郎兵衛砦、同じく東には嵯峨尾主馬《さがおしゅめ》砦が出城として防禦線《ぼうぎょせん》を強化していた」と報告している。

丸山城の築城過程は不明だが、陥落までの経緯をできるだけ良質な史料で辿ってみよう。『勢州軍記』によると、伊賀守護の仁木伊賀守が「滅亡」したあと、伊賀国四郡の諸侍六十六人が一味同心して諸城を守る体制となり、すべての事案は平楽寺で評定して決定することになったという。談合衆として、仁木、柘植、河合、服部、福地、福富、森田、守岡《もりおか》、名張《なばり》、上野、山田、吉原、下山などの名前が挙がっている。

こうした体制のなか、名張郡の下山甲斐守が信雄のもとへ参上し、伊賀国を裏切り、信雄の出陣を要請し、手引きすることを約した。このあたりの記述は『伊乱記』と同様である。『伊乱記』が膨らませたのだろう。

天正七年（一五七九）九月十七日、信雄は一万人余の軍勢を率いて伊賀へ乱入した。南方面は名張口（伊勢地口）、北方面は馬野口の両口から侵攻し、激戦を交えた。伊賀国は「無双の難所」といわれるだけあり、信雄軍は勝利を得ることができず、手引きした下山を謀略で捕らえて帰陣に移った。

名張口では敵勢が執拗《しつよう》に追撃してきたが、沢源太郎（但馬守）、秋山次郎（右近将監）が殿軍《しんがり》となって追い払った。馬野口では日置大膳亮、柘植保重が殿軍となって交互に迎撃して退いたが、騎馬で通れない鬼瘤峠の難所において、保重は酒気帯びで退却が遅れ、伊賀衆に討ち取られてしまった。

織田軍が伊賀に侵攻した時、下山甲斐守は織田方に転じる手はずだったが、甲斐守は内応しなかった。激怒した信雄は、謀略で甲斐守を捕らえて禁獄した。甲斐守は二十八日間も絶食したが死ぬことができず、ついに舌を嚙《か》み切って死んだという。『織田軍記』も同様の記述だが、もともと甲斐守が信雄に内通したのは謀略だったとしている。甲斐守が内応しなかったことと合わせて考えると、これが真相に近いのだろう。後述する史料とも整合性がとれる。

なぜ、信雄は伊賀国へ侵攻したのか。のちに触れるが、織田軍に抵抗した下山甲斐守は、もともと北畠氏の給人《きゅうにん》（主家から所領を賜った者）とされており、「北畠氏の当主として置かれた信雄は、まずは旧北畠給人が残る南伊賀を征服し、旧北畠領全体の把握、つまり南伊賀の支配化を当面の目的としたのではなかろうか」（『三重県史』通史編近世一）と推測されている。

『伊勢伊賀戦争記』の記述

第一次天正伊賀の乱について信頼できる史料は少ないが、前述の『勢州軍記』を補足する軍記がある。信雄に仕えた小川《おがわ》新九郎（長保《ながやす》）の覚書である。引用者によっては『小川新九郎覚書』と表記しているものがある。三重県の郷土史家の大西源一氏が神宮文庫の蔵書中から発見した（「北畠具親の五箇篠山城挙兵について」）。久保文武氏は「信雄の側近にあった人物だけに、同覚書の史料的価値は高い」と評価している。

長保は、信長の家臣で信雄付となった小川久兵衛尉（長正《ながまさ》）の実弟。天正十年（一五八二）二月、長正の死去により家督を継ぎ、信雄の家臣として活躍した。信雄失脚後は秀吉に仕え、その後、家康に転仕、大坂の陣にも従軍し、寛永二十年（一六四三）、八十七歳で没。逆算すると弘治三年（一五五七）生まれとなり、信雄より一歳の年長になる。

同覚書は、『伊賀の国にての巻』と『南伊勢にての巻』の二冊より成る。所蔵元の神宮文庫の目録では『伊勢伊賀戦争記』として登録されている。これまで部分的に引用されたことはあるが、全文の翻刻はまだないようである。近年刊行された『伊賀市史』第四巻資料編では、『伊賀の国にての巻』の大部分が翻刻されており、利用しやすくなっている。ただ、伊賀市の歴史を叙述するための引用であるため、直接関係のない部分は省略されている。省略されている部分には本能寺の変直後の動きも記されており、これはこれでかなり興味深い内容である。

『伊賀の国にての巻』の奥書《おくがき》を見ると、慶長十四年（一六〇九）十一月、嫡男の小川佐太郎（安吉《やすよし》）宛になっている。自らの武功を子孫に伝えようとしたものであり、手柄話は割り引いて読む必要があるが、それ以外のことについてはおおむね信用してもいいだろう。ちなみに『南伊勢にての巻』の奥書は翌十二月付となっている。

『伊勢伊賀戦争記』による天正七年（一五七九）の第一次天正伊賀の乱の件を抜粋してみる。内容は「三助様〔織田信雄〕伊賀の国へご人数を向けられ、ならびにおたけの城のこと」と「下山甲斐守生け捕りのこと」の二項目に分かれている。後年の覚書ということもあり文意が取りにくい箇所もあるが、まずは信雄が伊賀へ出陣した項目から確認しよう。

その頃の伊賀衆は、伊勢神宮へ参宮するついでに国司の北畠具教にも挨拶していたが、具教もこの伊賀衆の態度に満足し、参宮するための費用として伊賀の有力者三十人余りに伊勢国内において知行を与えていた。伊賀衆も忝《かたじけな》く思い、年に二、三度も具教にお礼言上していた。

その後、国司が信雄に交代したことで、信雄の家老の柘植保重と滝川雄利の二人が伊賀衆に与えている知行を召し上げて、召し抱えている牢人衆に与えてはどうかと進言した。これに対し、小川長正は、伊賀衆の知行を召し上げてもたかだか千石、二千石程度であるので、そのまま伊賀衆に与えておけば、いずれ役に立つ時もあろうと反対意見を進言した。信雄も長正の意見を聞き入れて没収は思いとどまった。

しかし、保重と雄利は再々、領地召し上げのことを信雄に進言したので、ついに信雄も領地を召し上げた。これに反発した伊賀衆は信雄に出仕しなくなったので、彼ら二人は信雄に伊賀征伐を頻《しき》りに進言し、信雄も伊賀討伐に踏み切ることになった。

信雄軍は、鬼瘤口（馬野口）と国見山《くにみやま》口の二方面から進軍。鬼瘤口からは柘植保重、木造左衛門佐（長正《ながまさ》）、田丸中書《ちゅうしょ》（直息《ただやす》）、林与五郎、水野小右衛門、榊原《さかきばら》弥四郎、芳野宮内太輔《くないだいぶ》、今川左馬丞《さまのじょう》、天野《あまの》佐左衛門、軍監として堀田《ほった》又右衛門、小崎《こざき》新四郎が付けられた。鬼瘤山は、伊賀と伊勢の国境にある布引《ぬのびき》山系の山。伊賀衆は険路を固守して信雄軍の伊賀入国を阻んだ。

一方の国見山口方面は滝川雄利と小川長正が両大将となって、秋山右近大夫（家慶《いえよし》）、沢源六（満景《みつかげ》）、藤方《ふじかた》刑部（具俊《ともとし》）、日置大膳亮を付け、小坂《おざか》孫九郎（雄吉《かつよし》）を軍監として派遣した。国見山は伊勢・伊賀・大和が一望できるところから命名され、別名三国山《みくにやま》ともいう。標高は八八三メートル（一八五頁参照）。この二方面からの侵攻は、伊賀国の中央部と南部を伊勢方面（東側）から進撃したことになる。国見山方面軍は両大将が日替わりで戦ったとし、一進一退があったことが記されている程度である。

次が本題の「下山甲斐守生け捕りのこと」になる。

下山甲斐守は、伊賀の「大名」で城を二つまで持っている者である。長正は甲斐守に伊賀衆を裏切って信雄に忠節を尽くすよう誘いをかけたが、裏切ることはできないと拒否した。滝川雄利も何度か謀叛を勧めたところ、甲斐守は長正からも同様に謀叛の誘いを受けているものの同意していないので、いまさら謀叛するのもどうかと思うが、それほど言うなら、長正には内緒にして、九月十六日、こちらに来るなら城を明け渡そう、と返事した。これは実際には甲斐守の謀略であった。

雄利は約束通り、のこのこと甲斐守の館へ赴いたが、案に相違して数多くの守備兵を入れているのを見て、肝をつぶし、長正に救援を要請した。長正はすぐに応援に駆けつけ、甲斐守に対面し、雄利を無事に帰すように申し入れたが、甲斐守に拒絶されたため、逆に甲斐守を人質にして戻った。甲斐守の家臣の攻撃を受けたが、振り切って自陣に戻り、雄利も無事に引き取ることができた。記主の長保も兄長正と一緒に行動していたと記している。実際に体験しているので信頼性は高いが、活躍そのものは割り引く必要があろう。

この夜、鬼瘤口の柘植保重の陣へ夜討ちが掛けられ、保重が討ち取られて総崩れとなった。このため国見山口の雄利、長正も退却した。信雄は、伊賀と伊勢の国境に砦を構築して長正と雄利に守備を命じたという経緯である。

『伊乱記』では、下山甲斐守は伊賀を裏切った悪者になっているが、同覚書では、謀略を巡らせて滝川雄利を討ち取ろうとしたとしており、正反対の設定になっている。覚書には人質となった甲斐守の最期は記されていない。

下山甲斐守は名張城主、伊賀の旗頭という。『三国地志』には、上比奈知《かみひなち》村（名張市）の民家に所蔵されていた天正六年（一五七八）八月吉日付の下山七郎宛下山甲斐守の判物《はんもつ》（花押を据えた文書）が抄録されている。諱《いみな》（実名）は「宗□」（下の一字は判読不能）だったようである。『伊賀の中世城館』によると、下比奈知の「下山甲斐守城」は、下比奈知と上比奈知にまたがる丘陵頂部にあって城山と呼ばれているという。「四方に幅広い土塁をもつ主郭を中心に、北の虎口前部には鍵型《かぎがた》に土塁が残り、さらに100m下った斜面に丘陵を切断する空堀が、土塁をともない東西105mに及び設けられている」。かなりの規模であることが分かる。もう一つの城は奈垣の「下山甲斐守城」であろう。

久保氏も指摘しているように、第一次伊賀攻めの要因は、『伊乱記』が記す丸山城攻防戦の敗北に対する復讐戦《ふくしゅうせん》ではなく、伊賀衆の知行没収による反抗を契機に、北畠具教の息のかかった伊賀衆を織田軍が征服するというのが真の理由であった。

柘植保重の討死

織田一族で柘植を称した信長の家臣がいるが、保重は織田一族ではないだろう。『寛政重修諸家譜』には、伊賀国の柘植氏として柘植宗知《むねとも》の次男に三郎左衛門宗重《むねしげ》という人物が記載されている。保重のことを記していると思われるが、『寛永諸家系図伝』には記載されておらず、他の記録から付け加えた可能性がある。

一次史料にはほとんど表れないが、『天正九年御遷宮日次』に記載がある。稲本紀昭氏の研究（「国立公文書館所蔵『天正九年御遷宮日次』・『慶長十三年遷宮日次』」）によると、記主は外宮長官に長く在任した松木貴彦の子尭彦。同史料は、天正九年（一五八一）、信長の支援を受けて始まった外宮正遷宮計画に際しての記録だが、紙背文書があり、天正五年正月から六月までの六か月間における到来物の記録が残されている。紙背には、田丸中務（直息）や安《やす》井《い》将監（秀勝《ひでかつ》）など信雄の家臣の名前が見え、「柘植三郎左衛門殿」の記載もある。彼の妻室（「女中」）や家臣の中川三右衛門も確認できる。妻室は一貫進上しているが、安井将監と同額であり、保重がかなりの地位にいたことが分かる。数少ない保重の記録である。

外様ながら信雄の重臣にまで引き立てられた保重とは、どのような人物だったのだろうか。比較的信用できる史料から探ってみよう。

江戸初期の軍学者山鹿素行の『武家事紀』によると、木造家の元家臣で、伊賀住人としている。通称を「三郎右衛門尉」としているが、前記史料や『信長公記』などには三郎左衛門(尉)とあり、こちらが正しいと思われる。『勢州軍記』には「父祖元来伊賀国住人弥平兵衛宗清の末孫なり。勢州に来《きた》って、木造家の長者となる」とあり、先祖は伊賀出身だったが、保重は武芸により木造氏の重臣となった。

松尾芭蕉《まつおばしょう》研究者の村松友次氏はその著『芭蕉の作品と伝記の研究—新資料による—』で柘植氏について関係系図を多数紹介している。それによると、諱は保重。ただし、保重は信頼できる史料では確認できない。兄に福地六郎兵衛宗隆《むねたか》(伊予守)が見える。宗隆は天正九年(一五八一)伊賀攻めの時には信長方として柘植口の先陣を務め、文禄元年(一五九二)没。柘植の出身としている。柘植出身でありながら、伊賀国を「裏切り」信長に付いたことで、伊賀国では評判が悪い。

信長にも認められた保重の活躍を追ってみよう。永禄十二年(一五六九)五月、木造具政(北畠具教の弟)に対し、信長に帰属し、縁戚で主家でもある北畠具教に謀叛を勧めた。このため、北畠氏の人質に出していた保重の九歳の息女が見せしめとして殺害された。『木造記』には、磔《はりつけ》に懸けられた息女のことを聞いた保重は落涙し、翌日夜、亡骸《なきがら》を奪い取り、墳墓の地に埋葬し供養したという。同年八月、信長の北畠攻めで道案内を務め、織田軍が大河内城攻めに苦戦するなか、城中に矢文を放ち講和を呼びかけたという（『北畠系図』）。天正四年（一五七六）の北畠一族の粛清の時にも活躍した。北畠一族の東門院が北畠氏再興を企てた時には、滝川雄利らとともに小倭に出陣して、一揆軍を鎮圧する活躍をした。

『多芸録』にも「頗る聡慧《そうけい》」とある。才気煥発《かんぱつ》といったところだろう。『多芸録』は、討死の場面も記しており、伏兵に狙撃されて落馬し、従者が助けようとしたが、さらに銃撃されて斃《たお》れたという。一方、村松氏が紹介する岡野《おかの》家の『先祖由緒書』によると、岡野養尊《ようそん》という者に討ち取られ、翌日柘植村の西光寺《さいこうじ》で首実検が行われたという。同由緒書によると、この岡野養尊という人物は、大和国逢坂の城主で、松永久秀に属した岡《おか》周防守である。織田軍に追われて伊賀国愛田《あいた》まで落ち延び、養尊と号していたという。良質な史料からは確認できないが、興味深い史料なので紹介した。

木造城下図を紹介した藤田達生氏（『伊勢国司北畠氏の研究』）によると、三郎左衛門の後継者と思われる柘植氏の屋敷は、「天守にも比される二層櫓であ」り、柘植氏の自立性の高さを示すと指摘する。後継者は不明だが、滝川雄利の息女を娶った長男の勘右衛門かもしれない（『多芸録』）。阿波藩の『成立書幷系図共』には、保重の嫡子は平左衛門（清三郎）勝一で、文禄二年(一五九三)蜂須賀《はちすか》家に四百石で召し抱えられたという。いずれにしても、保重討死後、後継者が信長や信雄から優遇された形跡は見いだせない。

北畠家督信雄

織田信雄は信長の次男である(一二五頁の系図参照)。長兄信忠とは母親(生駒《いこま》氏)を同じくし、信長の息子の中では、嫡男信忠は別格としても特別待遇を得ていた。本能寺の変までに信長の息子が軍事的な行動をしたのは、信忠、信雄、三男の信孝くらいである。四男信房、五男秀勝も初陣を済ませてはいたが、一軍の将となるまでにはもう少し時間を要した。

信雄は、幼名「茶筅」(茶筌)。風変わりな幼名は父信長の茶の湯趣味からの命名だろう。長じて三介、諱は具豊《ともとよ》、信勝、信雄などと改名し、後年、豊臣秀吉に追放されてからは入道して常真《じょうしん》と号した。

永禄十二年(一五六九)八月、信長は北畠攻めを断行したものの軍事的に圧倒することができず、次男の茶筅を北畠氏の養嗣子として送り込むことで和睦した。信雄は十二歳。岐阜城で信長とともに暮らしていたが、信長の元を離れて、滝川一益、津田一安《かずやす》らが家老に付けられ、叔父の信包も補佐した。また、側近には、信長の家臣の中から、実母の姻戚である生駒氏などが付属された。

北畠具教の養子に入ったとされることが多いが、家督を譲っていた具教の嫡男具房の養子になったようである。正室は具房の養女（実際には具教の息女で、具房の姉妹）。具教から徐々に権限移譲させていくこと（北畠家乗っ取り）を目論んでいたと思われる。

信長は、翌年の元亀元年（一五七〇）から危機的な状況（志賀の陣）に陥っていくが、これに対し具教は不穏な動きをし、武田信玄にも内通していたようである。真偽のほどは不明だが、武田とのパイプ役で信雄の後見役でもあった津田一安は北畠氏の粛清時に処断されている。一安が信長を裏切ったとは思えないが、北畠一族の粛清に反対したのかもしれない。一安の息子は助命されていることから謀叛ではなかったと思われる。

信雄は名門北畠氏を継いだことから、天正二年（一五七四）三月、信長が関白に就任し、信雄は将軍になるという噂すらあった（『尋憲記』）。単なる噂ではあったが、官位の昇進は兄信忠よりも早いくらいである。

北畠氏に入嗣したといっても岐阜に戻ることもあり、天正二年二月三日、岐阜で信長の茶会に参席している。本格的な軍事行動は、同年七月の長島一向一揆攻めである。伊勢衆を率いて大船に乗って参陣している。翌年六月には正式に家督を相続し、北畠当主として寺社や家臣に対する各種安堵、諸役の免除など活発な活動を開始する。翌年には信長の命によって北畠一族を粛清した。天正五年の雑賀攻め、同六年の大坂本願寺攻め、播州平定戦、荒木村《むら》重《しげ》の有岡《ありおか》城攻めなど織田家督となった兄信忠の指揮下で働いた。一門衆や家老衆の補佐があったと思われる。

信雄には不名誉な記録が多い。最初の失態は、父信長からも譴責されたこの天正七年(一五七九)の伊賀攻めの敗退(第一次伊賀の乱)。先走るが、天正十年の武田攻めでの失態、本能寺の変後の優柔不断な動き、さらに、秀吉の傀儡《かいらい》として織田家簒奪《さんだつ》の隠れ蓑《みの》に使われた。実弟信孝を斃した後、用済みとなった信雄は秀吉に追い詰められた挙句、徳川家康と同盟して秀吉陣営に対抗したが、軍事的にも敗退し、政治的にもなす術《すべ》なく、実質的に秀吉に降伏し、かつての父の家臣秀吉の臣下となった。その後、尾張、伊勢を支配する大大名として秀吉の旧主筋ということでそれなりの敬意を払われていたが、秀吉は小田原征伐の勝利後、国内統一の目処《めど》が立ったこともあり、転封を拒んだ信雄は改易、追放された。

のち許されて秀吉の御伽衆《おとぎしゅう》(主君の側近くにあって話し相手をする役)となるが、関ヶ原の戦いでは子息の秀雄《ひでかつ》が西軍に属し、失領。大坂城の秀頼《ひでより》の後見役として重きをなしたが、大坂の陣開戦の直前、総大将に祭り上げられる危機を察知し、いち早く家康に誼を通じ、夏の陣後は、大和国などで五万石の大名に返り咲いた。江戸時代には信雄の家系は大名、旗本として家名を存続させた。

信長の譴責状

信雄が独断で伊賀へ侵攻し、しかも重臣の柘植保重が討死し、敗退したことを知った信長は烈火のごとく怒り、信雄に対して次のような譴責状を認《したた》めた。原本は確認されておらず、写《うつし》のかたちで伝わっている。『信長公記』にも写されている。日付は九月二十二日だが、他の写では九月二十三日付のものも伝わっている。内容に大差はないので、『信長公記』（伝本によって多少文言が異なる）所載の写を読み下しで次に示す。

今度《こんど》伊賀堺において、落度《おちど》取り候旨、誠に天道も恐ろしく、日月いまだ地に堕《お》ちず。その子細は、上方《かみがた》へ出勢候えば、その国の武士、あるいは民百姓難儀候条、所詮《しょせん》、国の内にて申しこと候えば、他国の陣、あい遁《のが》るるによりて、この儀もっともと同心せしめ、ありあり敷くいえば、若気ゆえ、まことと思い、かくのごとく候や。さてさて、無念至極に候。この地へ出勢は、第一天下のため、父への奉公、兄城介大切、かつうはその方ため、かれこれ現在未来の働きたるべし。あまつさえ三郎左衛門をはじめ討死の儀、言語道断曲事《くせごと》の次第に候。まことにその覚悟においては、親子の旧離許容すべからず候。なお使者申すべく候なり。

九月二十二日　　　　信長

北畠中将殿

今回、伊賀と伊勢との国境で敗戦したことは、天道も恐ろしいほどである。その子細は、上方（京都周辺）に出陣すれば信雄配下の武士や民百姓が難儀するが、領国内に出陣すれば遠征を逃れられると唆《そそのか》され、それに同意した。平たく言えば、若さゆえに本当のことだと思い、このような敗戦となったのだろう。無念至極である。上方へ出陣すれば、第一に天下のため、父信長への奉公となり、兄信忠への貢献ともなった。また、その方自身のためにもなり、将来にわたっての武功にもなった。しかし、柘植保重をはじめ討死させたことは言語道断の曲事（けしからぬこと）である。信雄の覚悟次第によっては、親子の縁を切る。なお、詳しくは使者が説明する。おおよそこのような意味となろう。

信長の認識としては、伊賀国は、信雄の領国範囲、少なくとも属国といった思いがあったのかもしれない。北畠氏が南伊賀に勢力を扶植していた実績があったからだろう。信長、信忠をはじめ織田軍は謀叛した荒木村重の有岡城攻めにてこずっているさなか、信長の許可もなく、遠征を忌避するために手近である伊賀国へ侵攻し、しかも重臣の柘植保重を討死させたことを激怒した。しかし、その真意は、信雄が家老に、いうなれば唆されて伊賀攻めを断行したことが許せなかったのだろう。ただ、この時、信雄は二十二歳である。家老の言いなりになっても仕方のない側面もあった。前述したように、伊賀攻めについては家中が二分していた気配があり、強硬派が主導権を握り、信雄もこの流れに任せてしまったのだろう。

三年前に具教以下の北畠一族を粛清して文字通り家督を継承し、北畠家中をまとめて織田軍中核軍団の一つとして畿内近国での活躍が期待されていたはずである。一万人規模の徴兵も可能と思われ、いわゆる方面軍に相当する軍事力を持ち、信長の期待も大きかったと思われる。

第四章　織田軍の大侵攻——第二次天正伊賀の乱

1　通説による第二次天正伊賀の乱

自治体史などの記述

近年刊行された自治体史でも「（第二次）天正伊賀の乱」について取り上げてはいるが、織田軍の掃討戦に力点が置かれ、比較的分量も少ない。『伊乱記』を中心とした記述もあるが、残されている良質な史料があまりにも少ないことが影響しているのだろう。

代表的な歴史辞典である『国史大辞典』には「伊賀一揆」を立項し、第二次天正伊賀の乱について「同〔天正〕九年九月に織田信長は諸勢をいっせいに伊賀に進入させた。甲賀口は信雄・滝川一益・蒲生氏郷や甲賀衆が、信楽《しがらき》口は堀秀政らが、大和口は筒井順慶や大和の国衆が、加太《かぶと》口は織田信包や伊勢衆が乱入し、壬生野・佐那具などを陥れ、神戸《かんべ》の丸山城を陥れて伊賀を完全に制圧した。伊賀国人の多くが殺され、また大和境へ逃散《ちょうさん》したものは筒井順慶に追捕《ついぶ》されて殺され、伊賀一宮はじめ多くの社寺が焼き払われて多数の重宝が失われた」と簡潔にまとめている。参考までに、主な自治体史などの記述を見てみよう。

昭和四十九年（一九七四）に刊行された『名張市史』では、天正伊賀の乱を取り上げているが、『伊乱記』を中心とした記述である。もちろん『多聞院日記』『信長公記』など信頼できる史料も利用しているが、断片的な記述だけで引用はごくわずかである。最後に「天正の乱の考察」の項目を設けて十三行にまとめている。織田軍の侵攻については、伊賀そのものが相手ではなく、北畠氏の残党を掃討するのが目的だったと指摘し、「中世的名体制《みょうたいせい》のなごりをもつ国衆支配は終焉《しゅうえん》し、近世的封建体制へ組みこまれていく」のは時代の趨勢《すうせい》であったと分析している。

昭和五十四年（一九七九）刊行の『青山町史』は第三章に「天正の乱」を設け、天正伊賀の乱に言及している。『伊乱記』については「乱の約百年後に書いた一種の戦争小説である。史書ではない」と認識しながらも、『伊乱記』を多用して記述している。「天正の乱を契機に伊賀の中世史は最終のページをとじ、近世史の章へと進む。中世的名体制の名残りをもつ郷士《ごうし》支配は終焉し、近世的封建体制へと組込まれていく。ここに伊賀の歴史を転換させた天正の乱の時代史的意味がある」と結論している。

同年刊行の『伊賀町史』は、第一次と第二次に分けて言及しているが、第二次天正伊賀の乱の経緯については『伊乱記』を中心とした記述である。平成十六年（二〇〇四）刊行の『伊賀町のあゆみ』（『伊賀町史』）では、『伊乱記』を引用しているが、『信長公記』『勢州軍記』『多聞院日記』も併用して記述を進めている。

昭和五十七年（一九八二）刊行の『大山田村史』（上巻）は「天正伊賀の乱」の節を設け、第一次天正伊賀の乱は『伊乱記』を中心に描いている。寺社の衰亡については「伊賀の社寺の縁起に、天正の火難のためということを衰滅の理由にあげているものが多いが、これは文字どおりの火難と、乱後の経済的な衰滅によるものを、共に天正の伊賀の乱によると表現しているのであろう」と指摘している。

昭和五十八年（一九八三）刊行の『島ヶ原村史』では、「伊賀の西北端で比較的被害の少なかったとされる本村に於《おい》ては物語る資料も少ない」とし、『伊乱記』を肯定的に引用している。

他方、伊賀の郷土史『伊賀郷土史研究』三号（昭和二十九年〈一九五四〉）所収の松山宏「天正伊賀の乱」では五頁にわたって記述。伊賀の歴史から説き起こし、「信長侵略のときには一方には国衆土豪から解放され自立をかちえた百姓を持ちつつも尚《なお》下人被官を持つ土豪が存在し、両者は矛盾対立しながらも尚後者の支配形態が依然支配的であった。それが侵略による土豪層の潰滅《かいめつ》と共に両者の関係が崩されたといえるのではないかと思う」などとまとめている。

昭和五十七年（一九八二）に刊行された『天正伊賀乱四百年記念略誌』には、「地方史に見る天正伊賀乱の記事」として各自治体史などの該当部分を掲出し、松山氏の「天正伊賀の乱」を再録している。

昭和六十一年（一九八六）に刊行された伊賀の郷土史『伊賀史叢考』では、「天正の伊賀乱」を立項し、第二次天正伊賀の乱の要因を作った第一次天正伊賀の乱の端緒に言及しつつ、『伊乱記』の影響を指摘して、疑問を呈している。

近年刊行された『伊賀市史』（第一巻通史編、二〇一一年）では、「天正伊賀戦争」の項を設けているが、三頁強の分量である。織田軍の攻め口、主要戦闘城郭を表にまとめ、簡潔に記述している。諸史料を総覧した上で、百姓は大量虐殺され、侍衆への処分は概して不徹底だった、と推測。信長の政策については、弾圧されたのは主に農兵として一揆に徴発された百姓とし、降伏・臣従した村の侍については根本的な再編成を行うことができなかった、と分析している。また、「信長が攻撃した範囲が惣国一揆の勢力範囲だったとすると、それは最終的に伊賀一国を超えて近江国甲賀下郡・大和国添上《そえかみ》郡・南山城といった周辺諸地域にまで拡大されていたことになる」と指摘している。なお、「天正伊賀の乱」の呼称については、

「乱」とはあくまでも織田政権側の見方であることから、侵略された地域住民の立場からは、この呼称に問題がある。例えば「天正伊賀戦争」など、他の呼称を考えてはどうだろうか」と提唱している。

『三重県史』(通史編近世一、二〇一七年)は「織田信雄の伊賀侵攻」の項で、第一次天正伊賀の乱については、『伊乱記』は事実と異なる部分が多く、『伊賀の国にての巻』『勢州軍記』の記載が事実に近いと評価している。第二次天正伊賀の乱については「織田信長の伊賀侵攻」の項目を立て、『多聞院日記』『蓮成院《れんじょういん》記録』『信長公記』を引用して記述し、「伊賀国では他国へ逃げ延びることも容易ではない厳しい討伐が信長の手によって行われたのであった」と評している。近刊の『三重県史』(通史編中世、二〇二〇年)では「惣国の解体」の項目を設け、第二次天正伊賀の乱から筒井定次(順慶の甥で養嗣子)の伊賀入国までの概略を述べている。

天正伊賀の乱については、『伊乱記』系統には詳しい記述があるものの、信頼性が低いため利用に難があり、かといって良質な史料は少なく、しかも断片的で、時には矛盾する記述もあることから、具体的な様相が摑めないのが実情である。現状では伊賀国の戦国時代の様相、とくに天正伊賀の乱については『伊乱記』による影響が大きい。

信用しがたい記述

『伊乱記』の記述は詳細すぎて、信用できない。在地の人名などは実在を否定する材料はないが、信頼できる史料で確認できる人物が少ないため、慎重な扱いが必要になる。伝承などの聞書《ききがき》はある程度は信用できる部分があるかもしれないが、基本的には伝説の域を出ない。

『伊乱記』は、北畠具教が天正三年(一五七五)に伊賀攻めの橋頭堡として丸山城を築城させたとあるが、疑問とせざるを得ない。また、北畠一族の粛清を天正四年四月十九日としているが、粛清は同年十一月二十五日とされており、明らかな誤りである。第二次天正伊賀の乱の日程は他の史料とも齟齬《そご》を来しており、疑わしい。『信長公記』などよりもはるかに詳しい記述だが、出陣日の日取りからして誤っている。ただ、他の軍記物でもそうだが、これくらいの誤謬《ごびゅう》はそれほど珍しくない。同記の史料的価値を貶《おとし》めているのは、なんといっても荒唐無稽《こうとうむけい》の読本《よみほん》的な記述であろう。

噴飯物の記述もある。伊賀攻めの直前の天正九年(一五八一)七月十日、上柘植の福地伊予が安土に伺候し、伊賀国へ嚮導《きょうどう》する旨を言上した。応諾した信長は出陣準備に取り掛かったが、化身の祟《たた》りで意識朦朧《もうろう》として苦しみ、出馬を延引した。しかし、快方に向かったことで八月三日、安土を出陣したものの、再発したため安土に帰城。その後、回復に至る経緯を記しているが、とても信用できない。信長は快気を得たが、数度の怪奇現象に恐怖し、自らは出馬せずに、伊賀攻めは勇将を派遣することになったという筋書きである。

　また、キーパーソンとして耳須弥次郎という人物が登場する。見慣れない名字だが、「みみす」と読む。玉滝《たまたき》口（甲賀口）から侵攻した蒲生氏郷軍を嚮導した一人として登場する。玉滝村の者（『伊賀旧考』は伊賀国河合郷）で、安土に参上して直接信長に道案内を申し出て、氏郷の先手に加わった。伊賀の国衆は裏切り者の弥次郎を憎み、信長や信雄を討ち取るよりも弥次郎を討とうと心掛けたほどの憎まれ役である。弥次郎は巡見に出た時、長田の井上一郎（『伊賀旧考』）の従者の与介という者に討ち取られた。首実検後、与介は「伊賀惣国一揆掟書」よろしく横山の名字を与えられ横山与介と名乗った。『伊賀旧考』はもう少し詳しく、横山甚助師尚と改め、その後剃髪して九十余歳を経て仏門に入って寂《じゃく》したと伝える。

　『伊乱記』による織田軍の伊賀侵攻の経緯については省略するが、『伊乱記』よりも分かりやすい記述の『校正伊乱記』には、「なで斬《ぎ》りのこと」の項目を設け、「先年の鬱憤を散ぜんと、所々の要害を破却しては焼き払い、神社仏閣を打ち壊《やぶ》り、僧侶男女の別《わか》ちなく、根を断ち葉を枯らし、当《あた》るを幸いに草を薙《な》ぐ如《ごと》く殺害しける程に、親の最後、子の向後如何《きょうこういかん》と問うべき方もなし。運に任《ま》かせて近江路や、大和山城河内に落ち行き遁《のが》るる方もあり、紀の路の内に影を匿《か》くし、或《あるい》は伊勢より志摩に漂泊し、乞食となるもあり、四国中国にさすらいて互《たがい》に行衛《ゆくえ》知らぬひの、筑紫《ちくし》に下る者もあり、東関北陸山川の遠路を凌《しの》ぎ捕われて、夫婦の別れと成るもあり残る諸民討たれて死する輩は、一州の過半に及びたり」とその悲惨さを伝えている。

なお、南伊賀の柏原砦に籠城し、「忍者」として活躍した百地《ももち》丹波が著名だが、信頼できる史料から百地氏は確認できるものの、百地丹波は登場しない。ただ、天正伊賀の乱直前の天正七年（一五七九）七月、伊賀と大和の国境の竜口《りゅうぐち》の代官として百地丹波（正西）が確認できる（『多聞院日記略』）。竜口城主と推測されているが、柏原砦に籠城したといわれる百地丹波と同一人の可能性はある。系図類によると、第一次天正伊賀の乱で敗戦し、いったん高野山に逃れたのち、帰国して郷士になったともいう。

2　信頼できる史料の記述

信長の動向

信長の伊賀平定作戦（第二次天正伊賀の乱）を見る前に、直前までの信長の動向を確認しておこう。

信長と伊賀衆の関係を見ると、幻となった第一次上洛作戦では、前述したように伊賀衆の協力を織り込んだものであり、その意味では伊賀衆とは良好な関係だった。その後、伊賀衆は「惣国一揆」を結んでいたものの、信長軍に従軍する「伊賀衆」もいれば、敵対する「伊賀衆」もおり、惣国としての動きは摑みにくい。ただ、『信長公記』を見ると、総じて「伊賀衆」は信長に敵対することが多かったように見受けられる。

天正九年（一五八一）の伊賀侵攻作戦直前の状況を見ると、東国方面では、北条氏が誼《よしみ》を通じてきており、北条領国は、少し大げさに言えば「織田政権」に属国化しつつあった。織田政権に敵対しているのは、不俱戴天《ふぐたいてん》の敵武田氏と、武田氏と同盟を結んだ越後上杉氏のみとなっていた。上杉氏は、天正六年三月の謙信の死後、家督争い（御館《おたて》の乱）によって急激に勢威を落としており、また、かつては好戦的だった武田勝頼も防備を固めるのに躍起になっていた。天正九年三月には武田方の遠江国の最後の拠点ともいうべき高天神城の危急を救うことなく見殺しにしたことで勝頼の面目は丸つぶれになり、著しく求心力を低下させつつあった。信長は信濃国境に武田攻めの侵攻口を確保しようと調略の手を伸ばし、実を結びつつあった。

一方、西国方面では、最大の大名である毛利氏とは天正四年（一五七六）から干戈《かんか》を交え、当初は不利な状況に陥ったこともあったが、地力に勝る織田方が徐々に巻き返し、羽柴秀吉を大将に攻勢に出つつあった。当初毛利氏についていた宇喜多《うきた》氏を寝返らせることにも成功し、山陰方面でも鳥取城を落城寸前まで追い詰めつつあった。

畿内では、頑強に抵抗していた大坂本願寺も「和睦」というかたちで降伏し、天正八年（一五八〇）八月には最後まで抵抗していた教如《きょうにょ》（本願寺第十一代宗主顕如の嫡男）も大坂の地を退去し、畿内はまったく平定された。畿内近国では、紀州の高野山や雑賀衆が多少不穏な動きをしていたが、攻勢に出る軍事力もなく、さしたる勢力ではなかった。唯一、エアポケット的に取り残されていたのが、伊賀国である。六角氏や北畠氏の影響力が強かったが、六角氏は没落し、北畠氏は織田家に乗っ取られており、織田家に屈服するのは時間の問題だった。

天正七年（一五七九）には、既述のように信雄の敗退があったため、いずれ制圧戦が行われるというのは敵味方の一致した見方だっただろう。武将としての資質を疑われるような失態を演じた実子信雄に汚名返上の機会を与えてやろうという信長の親心も十分推察することは可能である。信雄も信長に対し伊賀攻めを訴えており、同国への侵攻はすでに時間の問題となっていた。

『信長公記』の記述

信頼できる史料で追いかけるには、現状ではやはり『信長公記』に頼るしかない。同史料に記述された第二次天正伊賀の乱というのはおおよそ次のような動きになる。

九月三日、信雄が総大将になって伊賀平定戦に出陣し、先陣は甲賀口、信楽口、加太口、大和口の四方面から伊賀国に侵攻した。

近江から南進する甲賀口は、総大将信雄のほか甲賀衆中心の構成である。伊賀惣国一揆にとっては、かつての同盟相手でもある。甲賀出身といわれる滝川左近（一益）、蒲生忠三郎（氏郷）、惟住五郎左衛門（丹羽長秀）、京極小法師（高次《たかつぐ》）、多賀《たが》新左衛門（貞能《さだよし》）、山崎《やまざき》源太左衛門（秀家《ひでいえ》、賢家《かたいえ》）、阿閉淡路守《あつじあわじのかみ》（貞征《さだゆき》）・同孫五郎（貞大《さだひろ》）父子である。甲賀口の大将は滝川一益だろう。

信楽から御斎峠《おとぎとうげ》を越える信楽口は、近江衆を中心に編成されている。堀久太郎（秀政）、永田《ながた》刑部少輔（景弘《かげひろ》）、進藤《しんどう》山城守（賢盛《かたもり》）、池田孫次郎（景雄《かげかつ》）、山岡孫太郎（景宗《かげむね》）、青地《あおじ》千代寿（元珍《もとたか》）、山岡対馬守《つしまのかみ》（景佐《かげすけ》）、不破《ふわ》彦三（直光《なおみつ》）、丸岡《まるおか》民部少輔、青木玄蕃允《あおきげんばのじょう》（梵純《ぼんじゅん》）、多羅尾彦一（光太《みつもと》）である。大将は若年（この時二十九歳）ながら、信長側近の堀秀政と思われる。地元の多羅尾光太が道案内しただろう。丸岡民部少輔は近江国勢田《せた》の山岡景宗（景隆《かげたか》の子）の岳父。『断家譜』では丸岡民部少輔は越前住人としている。不破直光とともに越前から参陣したのかもしれない。青木玄蕃允は蒲生氏郷の大叔父（氏郷の祖父蒲生定秀《さだひで》の弟）、青地元珍は氏郷の従弟《いとこ》であり、地縁血縁で結ばれた者が中心である。

加太口は、滝川三郎兵衛（雄利）が大将となって伊勢衆を率い、信長の舎弟織田上野介《こうずけのすけ》信包も同陣した。

大和口（大和・笠置口、大和・笠間《かさま》口、大和・長谷《はせ》口などが想定される）は、大和の筒井順慶、および大和の国衆。順慶が指揮しただろう。

四方面から大軍が伊賀へ乱入したことで柘植（阿拝《あえ》郡）の福地氏はすぐに降伏し、赦免された。人質を徴し、福地城には不破直光が入城して守備した。

河合（阿拝郡）の田屋という者が名物の山桜の真壺《まつぼ》（葉茶壺）と「きんかう」の壺を進上し、降伏してきた。きんこうの壺は返却したが、山桜の壺は受納し、滝川一益に下賜した。河合は、壬生野、佐那具と並ぶ北伊賀三拠点の一つ。義昭の第一次上洛計画の時、協力を呼びかけられた「田屋」の一族だろう。協力を呼びかけられた田屋某は、田屋氏の本家筋と思われることから、この合戦で織田軍に討ち取られた、河合城主の田屋（三郎左衛門）であろう。『伊賀旧考』は十二家の評定衆とした河合の田屋掃部介を挙げているが、これが討死した城主の田屋を指しているのだろう。降伏した田屋某を耳須弥次郎と同一人物とする説がある（村松友次『芭蕉の作品と伝記の研究』）が、根拠に乏しい。

六日には、甲賀口と信楽口の軍勢が合流し、壬生野城、佐那具城（「さなご嶺おろし」）を攻め立てた。信雄は御代河原《みだいがわら》（阿拝郡）に本陣を据え、周辺には一益、長秀、秀政、および近江衆や若狭衆も陣取り、長大な陣を敷いた。

十日には佐那具城へ諸軍勢が攻撃を仕掛けた。伊賀国内の伽藍《がらん》、一宮（敢国《あえくに》神社）の社頭をはじめ悉《ことごと》く放火して挑発したことで、佐那具城から足軽衆が出撃してきたが、一益、秀政の両人が迎撃し、屈強の侍十人余りを討ち取り、その日はいったん陣所に引き揚げた。

翌十一日には佐那具城への総攻撃を予定していたが、夜中に退散したため、信雄が佐那具城に入城した。諸軍勢が「奥郡」（名張郡）まで侵攻したことで混乱状態となり、このため各軍勢が担当方面を決めて侵攻作戦を展開し、各地の城郭を破却した。

伊賀国四郡のうち、伊賀郡は信雄軍が、山田郡は信包軍がそれぞれ平定した。名張郡は丹羽長秀、筒井順慶、蒲生氏郷、多賀貞能、京極高次、および若狭衆が侵攻。小波多《おばた》父子兄弟三人、東《ひがし》田原《たわら》の高畠《たかはた》四郎兄弟二人、西田原の城主、吉原の城主吉原次郎を討ち取った。

小波多氏は、小波多（名張市）を名字の地とする国衆だろう。高畠氏は南北朝時代から「悪党」の一人として散見される。伊賀の服部名字七流の一家として「高畑」（『熊野那智大社文書』）が見られる。伊賀の悪党を代表する北伊賀の高畠右衛門太郎入道持法とは別の系統だろう。吉原氏は、吉原作兵衛など同じ名字のものが同時代もしくは多少遡って確認できるものの、吉原次郎と同一人物は確認できない。吉原というのは神屋《かみや》（名張市）の内で、吉原氏城、吉原氏砦の遺構が残っている。北畠氏の家臣だったと推測されている。

残る阿拝郡は、滝川一益、堀秀政、永田景弘、阿閉貞征、山岡美作守《みまさかのかみ》（景隆《かげたか》）、池田景雄、

多羅尾(光太)、青木(梵純)、青地元珍、および甲賀衆が乱入し、河合城主の田屋某、岡本某、国府《こくふ》の高屋《たかや》父子三人、糟屋《かすや》蔵人、壬生野の城主、荒木(阿拝郡)の竹野屋(竹屋)左近を討ち取った。また、木興《きこ》(阿拝郡)の城を攻撃して皆殺し作戦を遂行し、上服部党、下服部党をはじめ数多くを切り捨てた。岡本某は、前述のように第一次上洛計画の時、協力を呼びかけられた岡本某と同一人物、もしくは一族だろう。壬生野城主は清水氏ともいうが、不詳。竹屋は服部一族で、吉田兼右が永禄十一年(一五六八)に下向した時、竹屋一党と盃《さかずき》を酌み交わしており、「在所侍」と表記している。木興城主は町井《まちい》氏ともいわれるが、不詳。

さらに、一揆の残党が大和国の春日山まで逃げたが、順慶軍が追撃、掃討作戦を展開し、大将分七十五人をはじめ多数を切り捨てた。以上が『信長公記』が伝える第二次天正伊賀の乱の平定戦である。

この後、信長が現地入りして伊賀国の国割《くにわり》(与える領地の配分)を行う。四郡のうち三郡は信雄に、残る一郡(山田郡)は信包が拝領した。ちなみに、池田家本『信長記』には信雄への三郡宛行のあとに、「御手柄申すばかりなき次第なり」と追記されている。伊賀衆の人名のうち名字しか記していないのは、著者の太田牛一《おおたうしかつ》が通称までは確認できなかったためだろう。

軍記物の記述

『伊乱記』系統よりも史料的価値の高い軍記物としては、『勢州軍記』『木造記』がある。『信長公記』よりも詳しく、また異なる記述もある。『信長公記』による攻め口は四方面のみだが、他の記録を見ると、実際には七口から攻め込んだようである。

『勢州軍記』も、伊勢・名張口（伊勢地口）は北畠信雄、馬野口は滝川一益、長野口は織田信包、鹿伏兎《かぶと》（加太）口は神戸信孝、甲賀上ノ口（信楽口）は多羅尾光太、甲賀下ノ口（甲賀口）は蒲生氏郷、大和・笠置口は筒井順慶とし、七口から侵攻したとしている。

国境での防御が不可能となり、伊賀衆は各城に籠城して抵抗した。信雄は丸山城を攻略し、一益は富増《とみます》城（掛田《かけた》城、伊賀郡）を攻めて富増氏を討ち取ったが、友生《ともの お》城（伊賀郡）は攻め落とすことができなかった。信孝は柘植城（阿拝郡）を攻略した。氏郷は土山《つちやま》城（甲賀郡と推測されている）を攻め、数刻の鉄砲戦ののち攻略した。

伊賀衆は織田の大軍に衆寡《しゅうか》敵せず、信雄の配下となった。丸山城は滝川雄利、柘植城は池尻《いけじり》平左衛門尉に与え、仁木友梅を取り立てて伊賀の中心でもある平楽寺城を与えた。

ちなみに、同軍記には信雄が主君の器でない逸話を記している。信雄の家臣の結城源五左衛門という侍が杉の名木を誤って切ったため、信雄が激怒。源五左衛門は逃走したが、信雄の家臣に追いかけられて誅殺《ちゅうさつ》された。著者は杉の木一本と忠臣のどちらが大事かと非難している。

『木造記』も『勢州軍記』とほぼ同内容。異なるところは、史料の性格もあり、丸山城攻めでの木造氏の活躍を記しているくらいである。

一次史料を中心とした記述

前年、伊賀に下向していた吉田兼見は、十二月八日に一宮祭礼を見物し、その様子を日記に残している。その規模の盛大さに驚き、「頭人の騎馬・走等《はしりなど》千余人これあるべきか、その次、役者七人、これまた一人ずつ騎馬等数人」と記し、尽きることがないと感嘆している。彼らが一致団結すればかなりの戦闘力になると思うが、実際には内通者も出て一枚岩には程遠かった。

隣国大和の寺院の記録では「乱」そのものはどのように記されているのだろうか。まずは奈良興福寺の塔頭《たっちゅう》(大寺院の子院)多聞院の院主英俊が書き残した『多聞院日記』。基本的には伝聞であるが、伊賀国には興福寺領があり、また筒井順慶をはじめとした大和衆も参陣していることから関心も高く、情報の精度も高いと思われる。『多聞院日記』の記述を抄出する。

- 九月三日条……信長の命令で伊賀へ軍事行動する。各方面からの進入路と武将が列記されている。信楽口（同日記は「甲賀口」と表記）は堀秀政を大将として小姓衆《こしょうしゅう》と近江衆を率い、勢州口（加太口）は信雄と家臣の滝川（雄利）、南伊賀口は宇陀郡衆（秋山・沢・芳野《ほうの》の宇陀三人衆ら）、西方面からは筒井順慶が大和衆を麾下とし、順慶自身は畑口（奈良県山添村）まで出陣し、家臣の福住を大将にして大和の南方衆を従えて黒田峠（名張郡）から名張へ乱入。軍勢は一万人以上との噂を記している。寝返った伊賀衆の手引きもあり、ほどなく平定される見通しを書き残している。各方面からの侵攻は、『信長公記』や『勢州軍記』とは異なる記述がある。総大将の信雄が勢州口から侵攻したと記しているが、伝聞による誤解であろうか。
- 九月四日条……伊賀衆のうち織田方に寝返る者があり、過半落去したという。箸尾衆のうち少々が討死したとし、伊賀国の中心部は大焼けした。
- 九月六日条……翌七日に教浄《きょうじょう》という者を筒井順慶の陣中見舞いに派遣する予定が記されている。
- 九月八日条……一昨日の六日、伊賀での合戦で島《しま》（左近《さこん》）の家臣が少々損害を受けたものの、「十常」（十市《とおち》常陸介遠長《とおなが》）が武功を挙げた旨を記している。
- 九月十五日条……当初の予定より遅れたが、教浄が伊賀へ赴くので、松権（松倉《まつくら》権左衛門）と森猪（森猪介）への書状を託している。一昨日・昨日（十三日・十四日）には、二十余りの城が開城し、順慶に城を渡したという。

- 九月十七日条……教浄が伊賀国から帰国し、情報を伝えた。原文は「伊賀一円落居、合戦もなく、曖《あつかい》にて諸城を渡して破城云々、南に二、三か所残ると云々、五百年も乱行われざる国なり云々。霊仏以下聖教数多、堂塔悉く破滅、時刻到来、上下の悲歎《ひたん》哀れなることなり」。伊賀一国が平定された。さしたる合戦もなく、和睦降伏して開城、破城したが、南伊賀では二、三か所残っているという。伊賀国は五百年間も乱がなかった国だったという。霊仏以下たくさんの経典や堂塔伽藍もすべて破壊された。伊賀国の人々の悲歎は悲しいことである。このような意味となろう。
- 九月二十八日条……順慶は逃亡者を執拗に探し出して無差別な殺戮《さつりく》を繰り広げていたものの、あまりに切りがないので、いったん中断した（後述の『蓮成院記録』九月十八日条）が、それが信長の耳に入り、朱印状で順慶の働きは曲事《くせごと》と糾弾された。順慶は震え上がり、「恐怖」したという伝聞を記している。
- 十月三日条……伊賀衆の牢人を所払いする命令があった旨を記す。伊賀国から大和へ逃亡してきた伊賀衆も多かっただろう。
- 十月九日・十日条……大乗院尋憲（興福寺大乗院門跡）が信長の伊賀入国に合わせて伊

賀入りする予定などを記す。

- 十月十三日条……信長は十日に伊賀国に入り、「アラキノ宮」（白鬚《しらひげ》大明神の北向かいにあった荒木社か）に逗留したが、誰にも面会せず、十二日暁には安土へ帰城した旨を記す。順慶の家臣で義兄の井戸若狭（良弘《よしひろ》）が大和国に帰国したという。
- 十月十七日条……伊賀の陣が終了した旨を記す。

以上が、『多聞院日記』の記す第二次天正伊賀の乱の顚末である。

編纂記録『松雲公採集遺編類纂《しょううんこうさいしゅういへんるいさん》』所収の『五師職方日記抄《ごししょくかた》』（興福寺関係の記録）は「〔九月〕三日、伊賀国、上様〔信長〕より御成敗として、伊勢衆〔織田信雄ら〕は東口、滝川〔一益〕と堀久太郎〔秀政〕は北口、大和衆は南口より人勢入れられ畢《おわんぬ》」と記す。その後の戦況については、最初は手強《てごわ》いという噂だったが、十日ばかり経過すると次第に城を渡して降参したという。

十月には、信長の伊賀入りに対し興福寺として陣中見舞いを用意する。信長と信雄には巻数《かんじゅ》（武運長久などの祈禱を記した文書）と菓子、順慶にも菓子を用意したが、信長は帰国した後だったので追いかけて進上している。

『私之日記』（興福寺関係の記録）には、「九月三日より伊賀国へ信長殿入国」と記し、伊勢口、江州口、大和口より「十万騎ばかり」が侵攻し、寺社は悉く焼き払われ、人民は数千人死去し、十月十七日に帰陣した。奈良中から人夫を徴発され、「迷惑千万、曲事なり」と憤っている。伝聞なのでどこまで信用できるか分からないが、隣国で関心も高かったと思われ、焦土戦になっていた可能性もあながち否定できない。

『蓮成院記録』(興福寺の僧寛尊《かんそん》の記録)は詳しく記している。

「九月十八日、伊賀国へお手遣いの由、東は伊勢衆、北は滝川〔一益〕・刃場五郎左衛門〔丹羽長秀〕、西は大和衆順慶一手ならびに山中衆相催され、諸口より打ち入る間、惣国一時に亡所に成り了《おわんぬ》。最初は堅固に相拘《あいかかえ》る旨沙汰之《これ》ありといえども、猛勢叶《かな》わざる由なり。あまつさえ、かの国牢人衆山中在々にようよう鰐《わに》の口を逃れ、身を隠す処に、順慶許容曲事の旨厳重に申さるる間、不憫《ふびん》ながら山中衆へ討ち出さるるべき由申し触れらるる間、男女老若によらず、俗在出家をいわず、頸数《くびかず》に討ち出さるる間、日々に五百、三百首を刎《は》ねられ、五三日中は言語道断浅ましき次第なり。あまりに尽期なきの由にてまずもって停止《ちょうじ》の旨口遊《くちずさ》み云々」

要約すると次のようになろう。

九月十八日、伊賀国へ織田軍が諸方面から乱入し、伊賀一国は瞬く間に焼亡してしまった。当初は、伊賀衆が頑強に抵抗すると予想されていたが、大軍になす術《すべ》もなく、逃亡して潜んでいたが、筒井順慶の厳命で撫《な》で斬りにした。毎日、三百、五百の討ち取った首がもたらされたが、際限がないので中止の命令が出されたとのことである。伊賀国にとっては前代未聞の地獄絵巻が繰り広げられた。これが後世、伊賀の乱として伝わることになった。

大乗院尋憲の日記と見られる『某日次記《ぼうひなみき》』（『福智院《ふくちいん》家古文書』）天正九年（一五八一）十月七日条には、信長（「上様」）が九日に飯道寺《はんどうじ》を経由して伊賀国へ入る予定を記し、十一日条には、丹羽長秀が陣所とした小畑《おばた》に、信長のための御座所を新築していることが分かる。翌十二日正午頃、信長は長秀のところへ立ち寄っている。この時、尋憲は、大乗院領として由緒ある畑庄《はたのしょう》（奈良県山添村）は大和国内だが、伊賀国に隣接していることから、「伊賀御成敗」に際し、直納できるよう信長に直接働きかけている。安土城はもとより、戦場となった伊賀国まで信長を追いかけて運動している。その成果もあって、のちに筒井順慶を通じて畑庄一円は大乗院領として認められている。尋憲は信長の「御憐憫《ごれんびん》」で回復できたと感謝している。

書状類の記述

第二次天正伊賀の乱に関する書状類は少ないが、数点確認できる。まずは近年紹介された信長の書状を見てみよう。

信長の九月一日付堀秀政宛黒印状（『萬葉荘文庫所蔵文書』）である。年次の記載はないが、内容から天正九年（一五八一）の伊賀平定戦の時のものと判断できる（読み下し）。

山岡孫太郎着陣につき、様躰申し越し候、その意を得候、しからば国中諸城破却の儀、申し究むべきため、罷り出で候由に候、なおなお油断なく申し堅むべきこと専一に候、弱者侮《あなず》り候て、人質等これなきにむざと罷り越し候てもいかが候条、その段よくよく分別すべく候、また河井、壬生野、佐那具、両三城こと、言上のごとく両条を相分け、重ねて申し越すべく候、万々勤めに越度《おちど》なく候よう、才覚専一に候なり、

九月一日　信長（黒印）

堀久太郎とのへ

山岡孫太郎（景宗）は、近江国勢田の山岡景隆の長男。『信長公記』では九月三日に出陣したとあるが、すでに一日の時点で山岡景宗は出陣し、その様子を信長に伝えていたことが分かる。『兼見卿記』にも九月二日に出陣したとあり、山岡氏は先発隊として先行していたのだろう。二年前に信雄が苦杯を嘗《な》めていることから、堀久太郎（秀政）に対しても用心するように指示している。秀政は信楽口の大将と思われ、景宗もその指揮下にあった（『信長

公記』)。河合、壬生野、佐那具の三城を重視していたことも分かる。

次は十月二日付北畠三介(信雄)宛の黒印状である(『水野太郎左衛門氏所蔵文書』)。信長は信雄に厳しい探索を命じている。

[読み下し]

その郡《こおり》に北げ散り候族《やから》のこと、是非に及ばず候、相残る者ども悉く打ち果たし候由、もっとももって然《しか》るべく候、勢州堺目に隠れおり候輩、尋ね出し首を刎ねられ候由、重ねて注進も同時に到来候、かたがたもって心地よく候、また城々破却のこと、念を入れられ候旨肝心候、猶々《なおなお》、由断なく申し付けらるべき儀専一に候、謹言

猶々、今度逃げ失《う》せ候族、定めて分国中にこれあるべく候、尋ね捜して打ち果たすべく候、誰々によらず、彼ら首を切り、兵を出し候わば、褒美を加え候、自然《しぜん》見隠し、聞き隠し候わば、一類成敗を加うべく候、この旨よくよく相触れらるべく候也

十月二日　信長(黒印)

北畠三介殿

[意訳]

伊賀攻めによって逃亡した者は仕方ないが、残った者を悉く討ち取ったのは祝着である。

また、伊勢国との境目に隠れていた者を探し出して討ち取った報告も同時に受け取った。痛快である。城郭の破却も念入りにしているとのことだが、油断なく指示することが大事である。なお、今回逃亡した者は分国内にも潜伏しているだろう。探索して討ち果たせ。誰であっても首を斬れ。兵を出す者には褒美を与えるように。もし、隠匿する者があれば一族を成敗せよ。この命令を徹底するように広く知らしめよ。

同黒印状については、旧来は北畠一族の粛清時の文書として天正四年(一五七六)に比定されていたが、谷口克広氏が「織田信長文書の年次について」(『日本歴史』五二九号)において、内容から伊賀攻めの時のものと指摘し、天正九年に比定されている。その後も年次比定についての異論はないようである。これによると、逃亡した者も含め徹底的に伊賀衆を弾圧し、城郭の破却を命じたことが分かる。

三点目は信長の家臣で伊賀国にも近接している山城国宇治田原《うじたわら》の山口甚介秀景《ひでかげ》書状である。伊賀攻めの直前の八月二十七日付で信長の側近猪子高就《いのこたかなり》宛の書状である(『真乗院文書《しんじょういんもんじょ》』)。三か条と追伸から成る。第一条に伊賀攻めのことが記されている。

伊賀の者ども御成敗の儀、仰せ出だされ候由、早々その隙御座なく候、この方まで大慶こ

れに過ぎず候、上様〔信長〕おかげをもって、以来はゆるゆると夜を臥《ふ》せり申すべしとありがたく存じ候

秀景は伊賀国に近接する領地を支配していただけに、信長の伊賀平定戦は歓迎されたのだろう。夜も安心して睡眠できるというのは、伊賀の忍びの者が夜中に行動していたことの証左でもある。この頃、羽柴秀吉の鳥取城攻めが大詰めになっていたが、第三条では状況次第では信長が鳥取城攻めに出馬するので、その準備をしておくことも伝えている。結果的には、信長の親征は見送られ、伊賀国への戦場視察となった。

四点目は、これも伊賀国への侵攻直前の八月三十日付の北《きた》長左衛門尉之親宛上部貞永《うわべさだなが》の金《きん》子《す》受取状である。之親は伊勢御師《おんし》、貞永は伊勢神宮外宮《げくう》の権禰宜《ごんのねぎ》。貞永は、滝川雄利が伊賀入りの時に渡す金子（銀子）を之親から受け取っていることが分かる（『来田《きた》文書』）。軍資金の一部だろう。

五点目は、『兼見卿記』の紙背文書（『兼見卿記』七、元亀元年（一五七〇）四月八日から十四日までの条の紙背）。このなかに天正九年（一五八一）九月と推測されている「□月十六日」付の「明出秀慶《ひでよし》」（佐竹宗実《さたけむねざね》改め、明智出羽守秀慶のこと）書状がある。

不明な箇所もあるが、伊賀攻めに関する部分は「堀久すへられ候、二郡之儀者中も〳〵□

□ひもなく、敵一段つ□く候て、不及御行由候□一宮悉放火に被□不思儀奇特共被□之由申候」。

そのままでは意味が通じにくいが、情報として読み取れることは、「堀秀政が陣を据えたこと」「敵方が一段と強いこと」「一宮を悉く放火したこと」である。堀秀政の出陣や一宮の放火は『信長公記』の記述とも符合する。当初、敵方が強勢だったことは他の史料にも記されており、伊賀衆は緒戦では戦意横溢《おういつ》だったのだろう。

なお、「堀久（堀秀政）すへられ」を長浜《ながはま》城主に抜擢したと推測する見方もあるが、唐突に過ぎ、やはり伊賀攻めに関することであろう。

六点目は、筒井順慶の家臣松倉権左衛門秀政《ひでまさ》の東大寺年預五師御房《ねんよごしごぼう》（浄賢《じょうけん》）宛九月二十日付書状。これにも伊賀攻めのことが記されている（『東大寺文書』）。

［読み下し］

この表いよいよ相済み候、お気遣いあるべからず候、よって名張郡内御寺領これあるについて、御使僧越し置かれ候、すなわち申し聞かせ候、順慶においては疎意を存ぜられず候、当国いずれへ仰せ付けられ候とも、ただいまに至って慥《たし》かに相知れず候、ご由断なくご才覚肝要に候由申され候、委曲《いきょく》口状申し談じ候、恐々謹言

なおもって御音信として青銅五十疋、御意にかけられ候、御懇意畏《かしこ》まり入り候、以上

［意訳］

ようやく伊賀平定戦が終了しましたのでご心配には及びません。名張郡内にある東大寺領のことについて使僧を派遣されましたので、その使僧にも伝えましたが、順慶は疎略には扱わない考えです。伊賀国が誰の領国となろうとも、油断なく、根回しが必要だと申しています。詳しくは口頭でお伝えします。戦場へのお見舞いとして青銅五十疋を頂戴し、ありがたく存じます。以上です。

伊賀国が平定され、名張郡内の寺領のことについては順慶も疎略にはしないが、現状では誰に与えられるか分からないので、油断しないように助言している。伊賀国の知行割は信長が伊賀国へ戦場視察に訪れるまで、公には不明だったことが分かる。

順慶は論功行賞として伊賀国、少なくとも大和国に隣接している名張郡を拝領できると期待していただろう。しかし、この期待はまったく当てが外れることになる。東大寺は九月七日には伊賀へ使者を派遣する準備を整えるほど力を入れていた（『東大寺文書』）が、頼みの順慶ですら、寸土も得ることができなかったのであれば、東大寺が空振りに終わるのは当然

だろう。

前述したようにこの時期、秀吉の鳥取城攻めが最終段階に入っていたほか、高野山攻めも計画されており、畿内近国での最終平定戦も予定されていた。

3　伊賀国平定戦

織田軍の参戦武将

各種史料を概観したが、各攻め口の主な参戦武将を改めて確認してみよう。

甲賀口を受け持った滝川一益は、信長の重臣である。近江国甲賀の出身といわれる。署名に甲賀の「大原」と書しているものがあるので可能性は高い。永禄年間（一五五八〜七〇）から北伊勢侵攻で活躍し、天正六年（一五七八）の荒木村重の謀叛に際しては主力として攻略に貢献した。また、関東の北条氏との取次役もこなし、天正十年の武田攻めでは先鋒《せんぽう》として活躍し、武田勝頼父子を討ち取る武功を挙げた。ただ、この時期は、軍事的にはこれといった活躍の場は与えられていなかった。

同陣した丹羽長秀は十四歳から信長に仕えたといわれ、正室は信長の庶兄信広《のぶひろ》の息女（信長の養女）である。本能寺の変後になるが、嫡男長重《ながしげ》の正室には信長の息女を貰《もら》い受けている。おそらく婚約していたものと思われ、信長が最も信頼した武将でもあった。

信楽口の大将と思われる堀秀政は、若くして信長の有能な側近として抜擢され、奉行職はもちろん、戦場でも武勇を示した。

加太口の大将は信雄重臣の滝川雄利だが、信長の実弟信包も参陣した。信長の同母弟ともいわれ、信長の一門としては信忠、信雄、信孝に次いで四番目（三番目という見方もある）の地位にあった。一軍を率いていたと思われる。

大和口から侵攻した筒井順慶は、信長が足利義昭を奉じて上洛した永禄十一年（一五六八）頃には信長に敵対していた。というよりも、不倶戴天の敵であった松永久秀がいち早く信長陣営に誼を通じたことで、必然的に信長とは敵対関係になった。しかし、久秀が信長に叛旗を翻したことで立場が逆転した。その後、久秀は信長に降伏し赦免されたが、天正五年（一五七七）に再度謀叛して滅んだことで、順慶は大和国の旗頭的な地位を固めた。ただ、当初は順慶の上級支配者として佐久間信盛が位置づけられており、信盛追放後は明智光秀の組下《くみした》的な存在となっていた。伊賀攻めでは光秀は参陣しておらず、順慶が大和衆を率いて伊賀に乱入した。

他の記録の参戦者を見てみよう。良質な史料ではないが、自家顕彰的な記述を排除すれば、ある程度は信用できよう。江戸時代に書かれた記録だが、すでに伊賀とは疎遠になっていた子孫が、伊賀のマイナーな地名などを記しているのは、それなりの伝承があったものと思われる。『伊乱記』が、地元の先祖を顕彰しようと網羅的に書き記したものとは自ずと性質が異なる。

尾張出身の佐藤佐渡《さど》の息子は、信雄に従い活躍した。同じく尾張出身で浅井一族の正木《まさき》勝左衛門は、幼少から浅井信広《のぶひろ》(天正九年五月没説あり)に仕えていたが、伊賀侵攻作戦で先手の見張り番をしていた時、敵の夜討ちに遭ったが、味方が逃げ散るなか、左手の指を三本切られたものの踏みとどまって撃退した。信広から賞され、三百貫の知行を拝領した(『岡山藩家中諸士家譜五音寄』)。

近江衆の池田秀雄の家臣梅原武政《うめはらたけまさ》は、本興(木興《きこ》だろう)村を攻めた時、池田家中で五十三の首級《しゅきゅう》を挙げたが、このうち五つは武政が討ち取ったものだった(『増補藤堂高虎家臣辞典』)。同じく近江衆で「槍《やり》の勘兵衛」として知られる渡辺了《わたなべさとる》は、阿閉貞征配下として従軍し、長田《ながた》・法華《ほっけ》両城を攻めた時、貞征から家中第一の戦功として賞された(『渡邊水庵覚書』)。

楠木正儀《くすのきまさのり》(楠木正成《まさしげ》の子)の後裔と称する市田正盛《いちだまさもり》は伊賀衆(治田《はった》)ながら丸山城攻めに参加している(山本雅靖「伊賀惣国一揆の構成者像」)。また、伊賀者の平岡《ひらおか》一兵衛は、伊賀の大物の一人である長野某を討つと公言し、実際に長野某を討ち取った(『武功雑記』)。

甲賀出身の小谷《こたに》助左衛門は、さなご城攻めで、籠城方が甲賀衆の持口《もちくち》(持ち場)へ突いて出てきた時、鑓《やり》を合わせて首を獲った。また、伊賀出身ながら甲賀で育った佐梯《さがき》（服部）弥右衛門は、滝川一益配下の尾原《おはら》氏に付いて従軍し、河合村で功名を挙げた（『岡山藩家中諸士家譜五音寄』）。

筒井順慶の配下と思われる吐山《はやま》万十郎光重《みつしげ》は「伊賀ヲソ瀬の城にて討死」（『改訂都祁《つげ》村史』）。「ヲソ瀬」は、大和国山辺《やまべ》郡の遅瀬《おそせ》であろう。大和国東部の東山内衆《ひがしさんないしゅう》の中心的存在として吐山氏と敵対していた多田《ただ》氏もこの時は筒井順慶配下の福住氏に従って参戦し、多田延《のぶ》実《ざね》が討死している（『多田氏系譜』）。

他方、伊賀方として討死した者では、市部《いちべ》（伊賀郡）の服部城主宮岡《みやおか》加賀は同城で討死した（『岡山藩家中諸士家譜五音寄』）。岩田《いわた》越前守は、玉滝で蒲生氏郷の軍勢と戦い討死した（『伊賀無足人由緒書』）。

討死ではないが、阿拝郡西村《にし》に小城を持っていた守田《もりた》三之丞は、西村の城を落とされたが、近くの平野《ひらの》の城に赴き、他所での敗残兵とともに五十人ほどで籠城した。織田軍に損害を与えて一日持ちこたえたが、大軍に敵わず、夜中に落ち延びた。三之丞はその後、筒井順慶、石田《いしだ》三成《みつなり》など渡り奉公し、関ヶ原合戦後は牢人していたが、池田輝政《てるまさ》が伊賀の忍びの者を召し出した時、百石で仕えた（『吉備温故秘録』）。

信長の戦場視察

伊賀国制圧後、信長は戦場視察に赴く。『異本小田原記』は、第二次天正伊賀の乱の終結について「伊賀一州の服部党侍は申すに及ばず、土民百姓までも、名ある者をば、一人も残らず薙《な》で切りにいたし、三歳四歳の女子供皆刺し殺し、不日に伊賀国を退治し、この時服部党は皆亡び失せにけり」と記し、殲滅戦《せんめつせん》であったことを伝えている。

信長は、天正五年（一五七七）の紀州雑賀攻めを最後に、織田軍の陣頭指揮は嫡男の信忠に任せることが多く、自ら指揮を執ることがめっきり減っていた。天正九年の伊賀攻めも、織田軍が怒濤《どとう》の勢いで席捲した伊賀国を戦場視察するかたちで伊賀国に下向した。

伊賀攻めは八月末頃から開始されたと思われるが、信頼できる史料で出陣が確認できるのは九月一日である（『萬葉荘文庫所蔵文書』）。九月二十日頃にはほぼ伊賀国内を平定していた。伊賀国に侵攻してから二十日ほどで席捲したことになる。

信長は十月九日、「伊賀国御見物」として、嫡男信忠、甥の信澄《のぶずみ》を同道して安土を出立し、飯道寺山（滋賀県甲賀市）に登って伊賀国の様子を確認し、この日は飯道寺に一泊した。飯道寺のある飯道寺山は、甲西《こうせい》、水口、信楽にまたがる山で標高六六四メートル、近江の大峯山ともいわれる。戦国期には「甲賀忍者の修練場でもあった」（『角川日本地名大辞典』滋賀県）。見晴らしも良く、遠望すれば伊賀国全体を把握できたのだろう。

翌十日は、伊賀国の一宮である敢国神社に到着し、すぐに上手にある国見山に登り、国中の様子を見て指示し、御座所は滝川一益が用意した。

国見山については、三重県松阪市と奈良県東吉野《ひがしよしの》村の県境にある標高一二四八メートルの山（高見山《たかみさん》）、また大和・伊賀・伊勢の三国が一望できるという三重県名張市・津市、奈良県曽爾《そに》村の県境にある標高八八三メートルの山に比定されることもあるが、敢国神社からでは遠方に過ぎて不自然であり、敢国神社東南方の南宮山《なんぐうさん》（小富士山）のことであろう（永田恭教氏のご教示）。標高三五〇メートル、伊賀国中を見渡すには格好の山である。

『信長公記』によると、一益は信長だけでなく、「中将信忠御座所、その外諸勢残る所なく拵《こしら》え置き、珍物を調《ととの》え、ご膳《ぜん》上げ申し、ご馳走斜めならず」接待した。

また、一益だけではなく、伊賀攻めの大将に抜擢された信雄以下、信長実弟の信包、丹羽長秀、堀秀政、筒井順慶らも信長の御座所などを豪華に普請し、御膳を進上した。巡視途中、各自が信長に一献を捧《ささ》げるさまは「御崇敬《ごすうきょう》、御果報いみじくおじ恐るるありさま、筆にも詞《ことば》にも述べ難き様躰《ようだい》なり」と記している。

十一日は雨天のため逗留し、翌十二日は信雄の陣所を経て、筒井順慶と丹羽長秀が陣所を据えている名張郡の小波多まで家老衆十人ほどを引き連れて巡検し、要所要所に要害を設けるように指示した。道順は記されていないが、丸山城を経由して南下したものと思われる。

およそ二〇キロメートルの行程である。長秀も信長のために御座所を新調している（『福智院家文書』）。十三日には敵国神社から安土へ帰陣した。たった五日間の戦場視察であった。『多聞院日記』十月十七日条には「伊賀の陣、悉く引き了《おわんぬ》」とあり、この日までに主立った織田軍も引き揚げた。

論功行賞については、『信長公記』を見ると巡検前に発表していたようにも読めるが、やはり平定後、信長が伊賀国へ下向してからだろう。伊賀国四郡のうち三郡を信雄に、残りの一郡を実弟の信包に宛行《あてが》った。信包の一郡というのは、伊賀侵攻作戦で担当した山田郡と推測されている。

信雄は、柘植城に池尻平左衛門尉、丸山城に滝川雄利、平楽寺城に仁木友梅、名張城に服部出羽、柏原城（滝野十郎《たきのじゅうろう》城）に日置大膳亮を、それぞれ据え置いたというが、実態は定かではない。信包の場合は、さらに不明である。

第二次天正伊賀の乱の実態

新井孝重氏は天正伊賀の乱について「巨視的《マクロ》には古い荘園制度を最終的に一掃し、新しい封建国家をつくり出そうとする戦国大名の動きが、その総仕上げの段階に入ったことを物語っているという点で、わが国の歴史の画期をなすものである」と評価する一方、「微視的《ミクロ》に見ると、まさにこのことのゆえに、地域の個性として長い生命を維持してきた民衆自治が、あえなく押し潰《つぶ》され、終焉を迎えたということを顕著にあらわしてもいた」（『黒田悪党たちの中世史』）と分析する。

第二次天正伊賀の乱の実態はどのようなものだったのか。一次史料を中心に見てきたが、焦土戦と思われる記述がある一方、早々に降伏し、それほどの被害はなかったような記述もある。寺院の焼亡はそれほどでもなく、乱を契機に没落していったことで、すべての要因を織田軍の蹂躙《じゅうりん》であるかのような伝承が生まれていった可能性も指摘されている。もちろん、伊賀の一宮である敢国神社はこの時の乱で退転し、文禄三年（一五九四）九月には遷宮のことが話題になっている（『兼見卿記』）。

前述したように伊賀国には六百を超える城館が確認されているが、「実際の戦争に耐えられるのは土豪層の小規模城館ではなく、丘や山を利用した複郭式の大規模城郭だった。この地域に特徴的な平地に営まれた土豪層の単郭式の方形城館では、天下人を相手にした大規模戦争には十分対応できなかった」（『伊賀市史』第一巻）。各地の敗残兵が大規模城郭に逃げ込んだのも当然であった。

伊賀国を代表する大城郭とは、まずは丸山城。また、古くから文献に現れる、壬生野、佐那具、河合の三城、北伊賀で最大の比自山城、乱の最終決着となったといわれる柏原城が知られている。壬生野城、佐那具城、河合城の動向は『信長公記』に記されているが、丸山城、比自山城、柏原城の攻防は信頼できる史料では確認できない。

伊賀衆は、あるいは討死、あるいは他国へ逃亡するなどして「惣国一揆」は解体した。織田政権による再編成が緒に就いた時、本能寺の変が勃発し、新たな展開を迎えることになる。これは次章で見ていくこととしよう。

隣国大和の薬師寺《やくしじ》の記録を見ると、翌天正十年（一五八二）には「盗人もってのほか倍増」と治安が悪化していた。また、同十二年正月十二日、七条郷《しちじょう》（奈良市）の寺院に、白昼、伊賀者が盗人に入ったが、搦《から》め取られて引き渡された。牢に入れられ、処刑を待つばかりだったが、唐招提寺の長老の尽力で助命された。処罰は「タフサ〔たぶさ〕ヲキリハナシ了《おわんぬ》」（『中下臈検断之引付《ちゅうげろうけんだんのひきつけ》』）とあるので、髻《もとどり》（髪を頭上に束ねたもの）の切り落としで済んだようである。助命されたが、名誉は傷つけられた。落ちぶれた伊賀衆の成れの果てでもあった。もっとも、忍びの者であれば、「盗人」は本業の一つであったともいえよう。

第五章　伊賀衆残党の蜂起――第三次天正伊賀の乱

1　本能寺の変

北畠旧臣の動き

北畠一族粛清直後の北畠氏再興の動きは頓挫したが、本能寺の変によって、再度、その機運が高まった。「織田体制」の崩壊を期待したと見ても不思議ではない。

北畠旧臣の中には、本能寺の変後、明智光秀に合流し、山崎《やまざき》の戦いで討死した者もいた。『多気大正庵法会名帳《たげたいしょうあんほうえみょうちょう》』によると、大宮《おおみや》久右衛門尉光成、松永左兵衛尉秀治《ひではる》、大島《おおしま》勘蔵頼《より》通《みち》、畠山小助高義《たかよし》、大宮多気丸吉守《よしもり》、芝山《しばやま》小治良秀時《ひでとき》ら八人を記載している。彼らは上級家臣と推定されており、このほかにも随従した者がいただろう。同名帳には、光秀と一緒に討死した者と、山崎の戦いで討死した者とを分けているが、光秀と一緒に討死したのなら、坂《さか》本城《もと》への逃走中に小栗栖《おぐるす》で落ち武者狩りに遭った時に光秀を守ったのであろうか。しかし、彼らにそれほどの義理はなかっただろう。

本能寺の変後、北畠具親（北畠具教、木造具政の弟）は備後鞆の浦から戻り、伊勢に入国し、北畠譜代の家臣を糾合した（『勢州軍記』『木造記』）。安保《あお》大蔵少輔、舎弟の岸江《きしのえ》大炊助《おおいのすけ》、稲生雅楽助《いのうたのすけ》のほか、五箇《ごか》、六呂木《ろくろぎ》、佐奈《さな》、大西《おおにし》、丹生《にう》や射和《いざわ》のあぶれ者数百人が呼応し、五箇の篠山《ささやま》城に籠城した。十二月晦日《みそか》（三十日）には大河内城の近辺を放火して気勢を挙げたが、翌日の天正十一年（一五八三）正月一日には、信雄家臣の津川義冬《よしふゆ》（雄光《かつみつ》）、田丸直息、日置大膳亮、本田《ほんだ》左京亮らが篠山城に押し寄せた。銃撃戦が繰り広げられ、一番乗りした本田左京亮の重臣中西帯刀《たてわき》らが討死した。しかし、防戦は不可能と悟った具親らは二日夜、在城しているように見せかけて篠山城を落ち、山間を通って伊賀国に入った。稲生雅楽助が援軍に駆けつける計画だったが、雅楽助は篠山城を見捨てて三瀬に隠れていたものの、三瀬左京進に策略を巡らされて討たれた。一説には、信雄と敵対した神戸《かんべ》（織田）信孝が密かに具親を支援したともいう。

敗残の具親は伊賀国で逼塞《ひっそく》していたが、天正十二年（一五八四）、織田家簒奪を目論む羽柴秀吉と、これに対抗した織田信雄・徳川家康との小牧《こまき》・長久手《ながくて》の戦いのどさくさに紛れて再々登場する。天正十二年と推測されている四月三日付で具親は、徳川家康の重臣本多重次《ほんだしげつぐ》に初めて音信し、家康陣営として雑賀衆や長宗我部《ちょうそかべ》氏の調略を進めていることを訴え、家康には以前から約束しているように伊勢国のうち五郡を返還してもらえるように上申してほしいなどと伝えている（『植松《うえまつ》文書』）。

秀吉方の蒲生氏郷は、八月十四日、伊勢の小倭《おやまと》城攻めに出陣し、口佐田《くちさだ》城を攻略、次いで奥佐田《おくさだ》城を攻囲した時、具親が伊賀から駆けつけ、安保大蔵少輔を派遣して和睦交渉させ、城主の堀山《ほりやま》次郎左衛門尉は氏郷に城を渡して開城した。しかし、伊賀国で信雄方が一揆を起こしたため、具親は伊賀国へ発向し、敵城を攻略した。いつの間にか、信雄・家康陣営から秀吉陣営に鞍替《くらが》えしていた。首鼠両端《しゅそりょうたん》を持していたのかもしれない。

その後、甥の木造長政が籠城している戸木《へき》城の開城を斡旋したものの拒否されたため、氏郷が陣頭指揮を執って激戦を繰り広げた。小牧・長久手の戦いは、信雄が秀吉の軍門に降ったことで、信雄方の拠点も開城した。具親は一連の働きを秀吉から賞され、氏郷の与力として千石を給地された。しかし、具親のプライドが許さず、秀吉に功名を直訴して仕えようしたが、果たせず牢人したという（『氏郷記』『勢州軍記』）。一説には信雄から伊勢で三千石を与えられたともいう。

天正十二年（一五八四）と推測できる九月二日付実報院宛坂内亀寿書状（『米良《めら》文書』）には、「勢州不慮の儀について罷り退き、枕丢済〔具親〕と申し合わせ伊賀に逗留申し候」と見え、この時も具親と具泰（坂内亀寿。北畠具教の外孫）が連携していたことが分かる。「枕夽済」が具親と同一人物であることは、『宇野主水《うのもんど》日記』天正十二年九月十日条に「勢州国司代東門院（具親）」の説明として「今ハ扰松斎ト云」と記していることから裏付けられる。

本願寺とも音信するようになっていたが、その後の具親の動向は不明で、最期もよく分からない。『氏郷記』は、ほどなく早世したとしているが、新井白石《あらいはくせき》の『退私録附言《たいしろくふげん》』には、北畠氏の系図を引き、具親の箇所に「秋田城中に被殺」とある。『木造記』には謀叛の企てがあったとしているので、発覚して粛清されたのかもしれない。秋田城というのは伊賀の愛田の城郭かもしれない。北畠一族の中院通勝《なかのいんみちかつ》の子親顕《ちかあき》が北畠氏を継いだが、寛永七年（一六三〇）に死去し、嫡流家は断絶した。

具親と共同戦線を張っていた具泰は、叔母婿《おばむこ》の信雄に仕え、引き続き信雄子息の秀勝の家老となったが、のち徳川家康に仕えた。大坂両陣にも供奉し、寛永十六年（一六三九）七十三歳で没。正室は織田一族の飯尾信宗《いいのおのぶむね》の娘であり、北畠氏を乗っ取った「織田陣営」にすっかり取り込まれていた。

織田信雄の動き

本能寺の変の急報を聞いた信雄の動きは鈍い。天正七年（一五七九）の伊賀への無断出兵を信長に譴責されたものの、二年後には汚名返上の機会を与えられた。伊賀征伐の総大将となって伊賀国を平定し、武将として再出発したかに見えたが、天正十年の武田攻めの時、詳細は不明ながら森弥五八郎のことで信長の機嫌を損じた。信雄の家老の津川雄光（斯波一族の出身）も朝熊山《あさまやま》に蟄居《ちっきょ》し、弥五八郎は誅殺されて安土の百々橋《どどばし》に首を晒《さら》された。信雄は武田攻めからの帰国後、信長の御供として上洛する予定だったが、信長から上洛を禁じられ、中国攻めの出陣が命じられた。

信雄軍は、中国地方への出陣準備も整えていたはずであり、しかも変の情報については、関東の滝川一益はもちろん、北陸の柴田勝家や毛利攻めさなかの羽柴秀吉よりも早く摑んだが、優柔不断な行動で醜態を演じた。たしかに情報不足で疑心暗鬼に陥ることは理解できるが、とても敵討ちに出陣するような気概はなかった。秀吉とは比較すべくもないのかもしれないが、あまりにも不甲斐《ふがい》ない。前述のように前年に平定した伊賀で一揆が勃発し、その対応にも追われた。

『勢州軍記』によると、蒲生氏郷は二歳になる息女を信雄の人質に出して信雄の援軍を要請し、信雄は蒲生父子の籠る日野城に入り、氏郷と作戦を練った。しかし、明智方に奪取されていた安土城を家臣から奪還するように進言されたものの消極的な動きに終始した。安土城を放火して坂本城に撤退した明智秀満《ひでみつ》（光秀の女婿で重臣）を追撃することもなく、安土城を接収した氏郷から安土城を受け取ったに過ぎない。

伊賀に対する信雄の動きを再確認してみよう。伊賀で一揆が蜂起し、仁木氏の居城や信雄方の滝川雄利の居城が攻撃を受けた。仁木友梅からの援軍要請を受けた信雄は家臣を派遣し、一宮城主の森田浄雲らを討ち取った。また、滝川雄利は音羽城を攻め、伊賀南北の一揆を平定したという。

前年の論功行賞で信雄は伊賀国三郡を領国に加え、このうち阿拝《あえ》郡は池尻平左衛門尉に与えていたが、滝川雄利が阿拝郡の上野に制札《せいさつ》（立札）を立てるなど越権行為があり、信雄の家臣団は分裂気味になっていた。また、伊賀衆の中にも信雄方となる者など伊賀衆自体も分裂しており、複雑な様相を呈していた。

変後の混乱①

本能寺の変は、大げさではなく日本各地に多大な影響を及ぼした。天下人信長とその嫡男信忠の死によって歴史は大きく揺らいでいく。当然ながら伊賀国内でも大きな動きが見られることになる。前年、織田軍に蹂躙され、伊賀衆は跡形もなく消え去ったように見えたが、変を千載一遇の好機として伊賀衆は立ち上がる。結果的には蠟燭《ろうそく》が燃え尽きる前の一瞬の輝きになってしまったが。信雄の家臣は変を知って大半が逃亡し、伊賀衆が伊賀国を占拠し、名張郡の滝野城、阿拝郡の宮田《みやた》城、島原《しまがはら》城、雨乞《あまごい》城などに籠城し、徹底抗戦した。第三次天正伊賀の乱の勃発である。

八月六日付の書状で秀吉は「伊賀国は、織田上野（信包）殿らが家臣を配置していたが、今回、一揆が起こって逃げ散ってしまった。しかし、滝川雄利は持ちこたえている」旨を述べて雄利を称賛した上で、信雄に対し、伊賀国は雄利に与えるように要請している（『永井《ながい》家文書』）。信包は山田郡を拝領していたが、支配を任せていた家臣は本能寺の変を知るや、なす術《すべ》なく逃亡してしまったようである。

本能寺の変後の伊賀衆の動きは『伊勢伊賀戦争記』に詳しい。変の急報は、その日の夜に信雄の居城の松島城へもたらされたという。信長の側近祝《いわい》弥三郎が京都から逃れ、近江の粟津《あわづ》（滋賀県大津市）で信雄家臣の鬼頭《きとう》蔵之助と行き合い、弥三郎から変のことを聞いた蔵之助が馳せ帰って知らせた。信雄は嘘《うそ》か実《まこと》かと周章狼狽《しゅうしょうろうばい》していたが、伊賀国を守備していた家臣らが、本能寺の変で信長が自害したと聞き及び、守備していた城を立ち退き、六月三日の未明に松島城へ逃げ帰ってきたことで信長の自害が事実と分かった。

大半の家臣が逃亡したが、池尻平左衛門尉だけが城を堅守していたという。本来であれば、池尻だけではなく、踏みとどまっていた可能性のある有力家臣もいたのだが、その一人の津川雄光は信長から譴責されてこの時は朝熊山へ入寺していた。また、もう一人の重臣の岡田《おかだ》秀重は信雄から所用があるとして松島城に呼び寄せられていた。二人の重臣が不在だったことも逃亡に拍車をかけただろう。なお、『伊勢伊賀戦争記』は雄利の奮戦を記していないが、これは記主の小川長保と雄利が、のちに対立したからであり、ある意味では同記の限界でもある。

伊賀の諸城に配置されていたのは、滝川雄利、岡田秀重、小川長保、池尻平左衛門尉、津川雄光（本能寺の変の時は蟄居中）、田丸直息、木造長政、北畠旧臣の日置大膳亮、藤方具俊、および沢満景・秋山家慶・芳野《ほうの》宮内大輔（宇陀三人衆）らの諸将である。このうち宇陀三人衆は大和国内の可能性が高いだろう。

彼らの大半が六月三日未明に松島城まで退却したというのは、あまりにも早すぎよう。日置大膳亮は二日夜、守備していた滝野城を退去し、伊勢に逃れたという。確報を得ずに城を放棄するとは考えられず、本能寺の変を目撃した者から直接聞いたのだろう。ただし、信長に敵対していた伊賀衆も同様にこの確報を得たとは思えない。『多聞院日記』六月五日条には「伊賀は御本所《ごほんじょ》〔信雄〕衆の城開け、すなわち国は空きたる間、おのおの牢人衆入るか云々」と記されており、信雄の家臣が伊賀を逃げ出したのは確かだろう。

遠く離れた美濃国郡上《ぐじょう》郡の遠藤《えんどう》新兵衛尉の六月十七日付書状写《うつし》（『安養寺《あんようじ》文書』）によると、六月七日、信雄が伊賀に入ったという情報を記しているが、伝聞なので、信雄自身ではなく、家臣の動向であろう。

変後の混乱②

六月二十七日には変後の織田家の体制を談合する、いわゆる「清洲《きよす》会議」が開かれた。当然ながら伊賀衆の意向などはまったく顧慮されることはなかった。織田家督は信忠嫡男の三《さん》法師《ぼうし》（秀信《ひでのぶ》）、信孝が後見役となった。欠国処分については、秀吉の「思うがまま」となったが、信雄は、新たに尾張国などを版図に加えた。信雄は、尾張一国、伊賀一国、南伊勢を領する大大名になった。第二次天正伊賀の乱後、伊賀国山田郡を拝領していた信包が伊賀国を領国とする噂があったが、虚報だった（『多聞院日記』）。伊賀国は、実質的には滝川雄利が差配するようになった（『永井家文書』）。

信雄は、変後の混乱で伊賀衆が蜂起した報復として、伊賀国へ侵攻するという噂があり、これに対し伊賀衆は、滝野城（柏原城）だけではなく、宮田城、比自山城、島原城、雨乞城などに籠城し、頑強な抵抗を示した。天正九年（一五八一）の平定時に伊賀衆は壊滅したと思われたが、まだまだ織田軍に抵抗する牢人衆も多く残っていたようである。伊賀衆は緒戦では各自の小規模な城館に籠って抵抗を続けた。

滝野城は、日置大膳亮が逃げ落ちた後、伊賀衆が占拠したため、信雄は七月になって滝川雄利、秋山家慶らを攻略に向かわせた。しかし、頑強な抵抗に遭い、後詰（援軍）を要請してきたため、小川長保らが清洲から赴いた。「伊賀の者は忍び、夜討ち上手」と認識しており、厳重に陣所を警戒した。堀を掘り、土居《どい》（土塁）を築き、塀を懸け、柵《さく》を付け、物見櫓を揚げ、外側の堀際には竹束を付け番兵を配置するという念の入れようだった。案の定、八月六日、伊賀衆は長保の陣に夜討ちを仕掛けてきた。白兵戦となったが、伊賀衆は軍将の一人林某を討ち取られたため敗走し、その後、和睦の運びとなり、伊賀衆は退去した。

九月、宮田城に牢人衆が籠城して敵対したため、信雄軍は滝野城から宮田城攻めに向かった。行軍中、宮田城の絵図を見て、四方から一気に攻略すべく、くじ取りで攻め口を決めた。長保は大手から攻め込み、二の丸に乗り込んだところ、本田六右衛門、多屋甚之丞という武者が鑓をひっさげて迎撃し、互いに負傷する白兵戦となった。さらに籠城兵が大挙して迎撃してきたため、力攻めは無理と判断し、信雄軍はいったん撤退した。

信雄軍の木造長政、長木某、福屋某の三人が長田城を守備していたが、比自山城から毎夜のように夜襲をかけてきたため、苦戦していた。滝川雄利は長政ら三人に代わって長保に守備するよう頼んできた。長保は、「三人でも守備が難しいのに一人では心許《こころもと》ない」と渋ったが、雄利は彼ら三人には信雄から別の指示があるとし、頻りに長保に守備に就いてくれるよう依頼してきた。仕方なく、長保は長田城へ入ることを了承。その日のうちに、要所要所に柵を付け、虎落《もがり》（竹で組んだ柵）に小笹《こざさ》を立てかけ、二、三日、敵襲の様子を観察していた。長保は自らの部下のうち、足の速い若者を選び、鑓と刀だけの武器を携行させて小笹を立てかけてある虎落の内に隠れさせ、要所要所に鉄砲も隠し置いて夜襲に備えた。

長保の読み通り、四、五十人の敵兵が夜襲に来た。待ち伏せにあった敵兵は狼狽して大敗し、比自山城の門内まで逃げた。長保らは勢いに乗って門内に入ろうとしたが、長保は押しとどめ、四、五人を討ち捨てにして引き返した。のちに聞くと、敵もさるもの、門内で待ち伏せしており、長保らが門内に入ろうものなら押し包んで討ち取る策略だったという。その後、夜襲に来ることはなく、四、五日後には比自山城を退去した。忍びの者の得意技である夜襲を撃退し、策略にも引っかからず、お株を奪ったかたちになった。

島原城に牢人衆が集結していることを知った滝川雄利は、信雄に討伐を進言。雄利は隣国の滝川一益からの加勢千四、五百人とともに攻略に向かったが、撤退を余儀なくされ、九月二十七日、大和の筒井順慶が信雄の要請を受けて伊賀に三千人を派遣した（『多聞院日記』）。十月、池尻平左衛門尉と長保が一方の将として攻城し、周辺を放火して撤退したところを籠城兵が追撃してきたものの、長保が返し合わせて撃退したという。

雨乞城にも伊賀の牢人衆が多数籠城していたが、池尻平左衛門尉は信雄に対し、「雨乞城は新城なのでたやすく攻略できるでしょう。そうすれば阿閉《あや》郡〔阿拝郡〕は平定できる」旨を進言。信雄は進言を受け入れ、十一月、尾張兵を動員し、津川雄光を大将として雨乞城の攻略に向かわせた。思いのほかてこずっていたが、翌日には総攻撃をかけるべく評定していたところ、信雄から土方《ひじかた》彦三郎が使者として派遣され、信雄は数日後に上洛するので、尾張衆も伊勢衆も引き揚げるよう連絡があった。退却にあたって田丸直息と長保が殿軍《しんがり》を務め、服部伝助という武者が追撃してきたが、撃退した。

以上、小川長保の覚書『伊勢伊賀戦争記』を中心に概略を記したが、当人の覚書だけに長保の武功が光る。前述のように割り引いて理解する必要があるのはもちろんだが、長保の武功については、同僚からは手柄を羨《うらや》ましがられ、主君信雄から自筆で褒賞されるほどの武功を挙げたのは確かである(『古文書鑑《こもんじょかがみ》』)。

変後の混乱③

一次史料が不足しているが、信雄が十月三十日付で滝川雄利に宛てた判物の写が伝わっている(『記録御用所本 古文書』)。文言中に「池田・惟任・羽柴」の三武将の名前があることなどから、年次を天正七年(一五七九)に比定する説があるが、上方の情勢に触れていることや、三武将と信雄が相談のために上洛予定の記述があることから、天正十年十月三十日付である。前述の信雄の上洛予定とも合致する。「惟任」(明智光秀)は、写文書ではよくあることだが、「惟住」（丹羽長秀）の誤写であろう。なお、天正十一年は、十月が小の月（二十九日まで）であり、除外できる。

信雄はこの判物で、雄利に任せている阿拝郡が堅固な様子であることを嘉《よみ》し、上方が落着けば「一揆などはいずれにても跡形もなく逃げ散り申すべく候」と豪語し、引き続き一揆軍に対して用心するよう指示している。一揆軍に対しては三年前には苦戦したものの、前年に殲滅戦を遂行したことで「一揆軍などは物の数ではない」と思っていたのだろう。

相対的に、織田方から見ると、伊賀攻めははかばかしい成果を得ていない。前年のように信長が健在で大軍を投入した掃討戦とは異なった様相を呈した。伊賀国を領国とした信雄だったが、大局的に見れば、伊賀国に関わっている場合ではなかった。織田家の主導権を巡って、信雄を取り込んだ秀吉陣営と、信孝を擁した柴田勝家とが一触即発の緊張状態を続けていた。配下の武将を逐次投入するだけで、主力を注《つ》ぎ込む余裕はなかった。

勝家は、秀吉との対抗上、伊賀衆を味方に付けようとする。甲賀出身の山中長俊《やまなかながとし》の人脈を使って伊賀衆に働きかけ、反秀吉の動きを促進させた。天正十一年（一五八三）三月には、伊賀衆に対し、信楽《しがらき》（滋賀県甲賀市）、田上《たなかみ》（大津市）、和束《わづか》（京都府和束町）、田原（同府宇治田原町）などの方面で一刻も早く調略を成功させるよう依頼し、成功すれば知行を与えると約束し、反秀吉の動きを活発化させている（『古証文』）。

また、北畠旧臣ともいえる大和の沢・秋山氏が信雄に背き、順慶が近江出陣中に、伊賀国で伊賀衆とともに蜂起し、滝川雄利を追い詰めていた（『大方豊氏所蔵』）。『多聞院日記』天正十一年（一五八三）四月二十四日条にも沢、秋山が北畠具親と協力している旨が記されている。

伊賀衆は、畑《はた》城で籠城している牢人衆に加勢するため出陣した。畑城は伊賀国ではなく、大和国の山添《やまぞえ》の城である。すでに四月二十一日には、柴田勝家は賤《しず》ヶ《が》岳《たけ》で敗戦し、その後、越前の北庄《きたのしょう》城で自刃しており、その情報も伊賀に届いていたはずだが、翌五月に入っても伊賀衆は筒井軍との戦闘を続けていた。五月七日、順慶は伊賀へ出陣し、同十日には順慶の陣に夜討ちが掛けられ、多くの者が討ち取られた。島左近をはじめ有力武将も数多く負傷した。

伊賀衆が抗戦を続けていた五月十八日、壬生野惣荘では怨敵《おんてき》退散のために春日大明神や地元の一宮大明神など諸神に立願していた（『一族中惣願文案』『壬生野荘惣中願文案』）。「怨敵」とは順慶軍、もしくは信雄軍だろう。戦意旺盛《おうせい》だったようだが、十二月末までに畑城は陥落した（『多聞院日記』）。

しかし、翌年二月になっても滝川雄利の居城が伊賀衆に乗っ取られたという噂が流れたほどである。伊賀衆は、天正九年（一五八一）の伊賀攻めでは圧倒的な織田軍に大敗したが、変後の動乱の中で、信雄からの派遣軍や順慶軍とも対等以上に戦い、彼らを苦しめた。しかし、時代の趨勢はすでに伊賀衆を見放し、羽柴秀吉による統一政権へと向かいつつあり、伊賀衆の独立性は徐々に奪われていくことになる。

2　小牧・長久手の戦い

脇坂氏の支配

本能寺の変後、羽柴秀吉はいわゆる中国大返しを成功させて山崎の戦いで明智光秀軍を粉砕し、その後、織田家の主導権争いでは賤ヶ岳の戦いで柴田勝家に大勝するなど順風満帆に勢力を拡大していた。しかし、織田家督に祭り上げられていた織田信雄は秀吉に危機感を抱き、徳川家康と結んで秀吉に対抗した。秀吉は主家筋である信雄の扱いに苦慮したが、結局は全面対決となった。小牧・長久手の戦いである。

尾張方面では家康の援軍もあり、一進一退を繰り返していたが、信雄の本拠だった伊勢国では頽勢《たいせい》を挽回《ばんかい》できず、実質的には秀吉に降伏することで和睦が成立した。援軍の位置づけだった家康も軍を引いた。信雄の領国となっていた伊賀国は、大和国を押さえた秀吉との最前線となっていた。伊賀衆は信雄とは敵対関係にあったが、秀吉に対しては中立的な立場であり、信雄と秀吉の戦いに巻き込まれたかたちとなった。宣教師の書簡によると、伊賀国は直ちに秀吉方に降伏したという。

秀吉のもとで伊賀国の平定を任されたのが脇坂安治《わきさかやすはる》である。安治は、秀吉が柴田勝家を賤ヶ岳の戦いで撃破した時の先駆けとして褒賞された、いわゆる「賤ヶ岳の七本鑓《しちほんやり》」として著名だが、その他の事績についてはそれほど知られていない。

近江出身で、先祖の地は東浅井郡脇坂野。浅井長政に仕えていたが、浅井氏滅亡後は、織田家に転仕。通常なら、浅井の旧領を拝領した羽柴秀吉に仕えたと思われるが、明智光秀の与力となり、丹波国の黒井《くろい》城攻めで活躍したという。その後、秀吉へ仕官を直訴し、播磨国の神吉《かんき》城攻め、三木《みき》城攻めに従軍した。山崎の戦いを経て、賤ヶ岳の戦いで活躍し、山城国で三千石を拝領した。この時、すでに三十歳であり、七本鑓では最年長であった。

安治がなぜ、伊賀を担当することになったのかはよく分からない。脇坂家の記録では、信雄の家臣滝川雄利は、秀吉への人質として自分の子を差し出し、秀吉はこの人質を安治に預けたという。信雄と秀吉が敵対したことで、雄利は人質となっている子の母が病気と偽って人質を取り戻すことに成功し、伊賀の上野城に籠城した。安治の慈悲の心を利用したわけだが、秀吉は安治が信雄陣営に通じていると疑った。安治は潔白を証明するため上野城を攻めて討死する、と覚悟を示した。

しかし、秀吉はさらに疑い、上野城攻めと見せかけ、雄利と一味になって謀叛しようと目論んでいるとなじった。安治は涙を流して訴え、母を人質にして、主従二十騎で伊賀国へ乗り込み、伊賀衆を味方につけることに成功し、上野城を攻略したという。とてもそのままには信用できない。

『多聞院日記』天正十二年（一五八四）二月二日条に「伊賀の滝川三郎兵衛城〔滝川氏城〕は、伊賀の国衆が即時に攻め取った。事実かどうかは知らない」旨が記されており、滝川雄利が拠った城が伊賀の国衆に攻め取られたという噂があったことは確かである。

安治が伊賀の平定を任されていたというのは、秀吉からの朱印状で確認できる。与力を付けられたと思うが、たかだか三千石を領していた小身の安治には荷が重すぎた。天正十二年二月頃、安治は伊賀国に進駐し、伊賀衆から人質の徴収、城郭の破却にあたったが、遅々として進まなかった。ただ、伊賀国は、秀吉と敵対した織田信雄の領国であり、伊賀衆は信雄に抵抗していたため、賤ヶ岳の戦いでは反秀吉の立場だったが、秀吉と信雄が敵対すれば、反信雄陣営として自然の流れで親秀吉派の立場となり、比較的抵抗は少なかったと思われる。徳川家康の家臣松平家忠の日記『家忠日記』天正十二年三月十二日条には、「伊賀、大和御味方に参り候由候」と記されているが、実態はそう単純ではなかった。

秀吉の朱印状

秀吉から脇坂安治に宛てた朱印状が数通伝わっており、伊賀の状況もある程度は推測できる。安治宛の秀吉朱印状は、安治からのこまめな注進に対する返信である。

（天正十二年）三月二十三日付の安治宛秀吉朱印状によると、伊賀国に関して「政道以下精を入れ申し付けるべく候」と指示されており、伊賀国の支配を命じられている。また、安治宛ではないが、天正十二年（一五八四）と推測されている三月二十六日付の佐竹義重宛書状（『佐竹文書』）を見ると、信雄と敵対したため伊賀と伊勢に軍勢を派遣し、両国ともに平定したと豪語している。外交文書であり、割り引く必要がある。伊勢については具体的な成果を記しているが、伊賀については「伊賀国のこと、これまた平均に申し付け候こと」と素っ気ない。割り引くどころかほとんど実体のない戦果と思われる。四月八日付の毛利輝元《てるもと》宛書状写でも同様に「伊賀・伊勢両国平均に申し付くること」としているが、伊賀国については信用できない。

九月十七日付安治宛秀吉朱印状（『龍野《たつの》神社旧蔵文書』）では、安治からの書状に返信し、小牧・長久手の戦いの戦況を知らせる一方、伊賀国が混乱状態なら帰陣する時に伊賀国へ寄り、一万の軍勢で「やせ城」を取り巻き、五日、十日のうちには伊賀国を平定する。また、伊賀侍や百姓に対しては、不憫と思って飯米や知行を与えたにもかかわらず、秀吉が信雄・

家康と敵対した状況を見て蜂起するとは曲事《くせごと》である。伊賀国の対応によっては六、七万の先発隊を派遣するなどと、威勢のいいことを言っている。とても伊賀国にそれほどの軍勢を派遣できるとは思えない。

次いで翌月の十月二十八日付の安治宛秀吉朱印状（『個人蔵文書』）でも安治からの書状に返信し、伊賀衆が九月二十七日に人質を出したことを了承し、伊賀国内の諸城の破却を命じている。また、小牧・長久手の戦いの戦況を知らせ、「数日のうちには一段落するので十一月五日頃には伊賀を巡見する。城郭の破却が済んでいればいいが、遅々として進んでいない時は成敗する。いずれにしても状況を確認するために伊賀入りするので、その心得をしておくように」と述べ、最後に「こちらへ来る必要はない」と結んでいる。安治は、秀吉の戦況が気になって仕方なかったのだろう。伊賀で目立たない仕事を押し付けられているが、尾張に出陣して華々しい功名を挙げたかったのだろう。しかし、秀吉からは援軍無用と釘《くぎ》を刺された。

十一月三日付、安治宛秀吉朱印状（『脇坂文書』）。安治への返信である。「伊賀衆は人質を提出したが、城郭は破却していないことは是非もない。数日のうちには一段落するので、すぐに伊賀へ巡視に赴く。その心得をしておくように」などと伝えているが、秀吉の空手形である。

十一月六日付、安治宛秀吉朱印状（『龍野神社旧蔵文書』）。これも安治への返信である。「壬生野と島原の両城を破却したことを了承した。残る城郭も早々に破却するよう」にと厳命されている。

十一月十二日付、安治宛秀吉朱印状（『龍野神社旧蔵文書』）。安治への返信。伊賀国の城割が進んでいないことは「沙汰の限り」（言語道断である）と叱責《しっせき》している。秀吉自身が伊賀入りして確認するとし、「これくらいのこともできないで、仰々しく報告してくるのは曲事である」などと手厳しい。安治は報告だけはこまめに入れていたが、はかばかしい成果もなしに連絡してくるので、秀吉も腹立たしかったのだろう。逆に言えば、伊賀国内の城郭の破却がいかに困難だったかを物語っていよう。

一方、秀吉は伊賀国についてはとくに竹木に関心が高かったようで、買い占めを狙っていたという。『多聞院日記』天正十二年（一五八四）二月二日条を見ると、すでに秀吉が伊賀国中の竹木を買い取るために、奈良での売買を禁止するよう命じている。戦場での塀や柵の資材としての竹木を独占的に確保しようとしていたと見られている。ただし、その後も安治は秀吉から材木の管理を任されており、大坂城用の場合もあったが、用途は主に禁裏《きんり》（天皇の御所）や橋梁《きょうりょう》用である。軍需資材の転用とも思えない。

材木の調達でも安治は秀吉から叱責を受けている。出陣する代わりに材木の管理を任されて安治も腐っていたのではなかろうか。秀吉は竹木そのものに関心があったのだろう。後年、秀吉が造営した京都東山《ひがしやま》の方広寺《ほうこうじ》の中門用に使用したことや、同大仏殿の鍛冶《かじ》に用いる木炭が徴発されたこともあった。安治は最前線で戦いたかったようだが、伊賀の地均《じなら》しや橋梁の材木の運搬などに回され、不満だったようである。

安治の伊賀での領国支配については、史料が確認されておらず、一時的な占領地支配を進めていたに過ぎないと見られている。阿拝郡長田庄《ながたのしょう》に居館を造営し、武運長久を祈って八幡宮を勧進（脇坂八幡）したという（『伊水温故』）。

その後の安治については、家譜類によると、天正十三年（一五八五）五月、摂津国能勢《のせ》郡で一万石を与えられ、伊賀を去った。八月には大和国高取《たかとり》で二万石、十月には淡路国で三万石が与えられた。伊賀国には、大和国から筒井定次が入部してくる。しかし、安治は、閏八月まで伊賀に関わっており、閏八月二十二日付の秀吉朱印状を見ると、この時期に筒井定次への引き渡しが済んだようである。九月一日付で秀吉から能勢郡で一万石を拝領しているのもその証左だろう。定次が伊賀国へ入部し、近世的な伊賀国が始まる。

筒井定次の入国

新たに伊賀の支配者となった筒井定次の世評も芳しくない。最後は酒色に溺《おぼ》れて旧臣に謀叛を密告され、御家取り潰しの上、嫡男らが大坂の陣で大坂方に加担した罪を問われて自害に追い込まれた。

秀吉は天正十二年（一五八四）末、織田信雄と和睦した。小牧・長久手の戦いにおいて織田・徳川連合軍に味方し、反秀吉の軍事行動をとった諸勢力を、同十三年に入ってから次々と鎮圧していく。三月には大軍を擁して紀州の根来寺、雑賀、高野山を制圧。四国の長宗我部攻めは、罹病《りびょう》したため、実弟の秀長《ひでなが》が総大将となって渡海し、圧倒的な軍事力の差で降伏に追い込んだ。また、北陸ではもともとは秀吉の同僚であった佐々成政《さっさなりまさ》を降した。凱旋《がいせん》した秀吉は、四国、北陸を版図に加えたことで初めて大々的な国替えを実施する。閏八月、紀伊、和泉は秀長に与えられたが、それまで大和国の領主だった筒井定次は伊賀に転封となった。若輩（二十四歳）ゆえであり、秀長の与力扱いになった（『豊臣記』）。

養父の順慶が存命であれば、大和国との結びつきの強い筒井氏を大和から追い出すことは、秀吉といえどもそう簡単にできなかったのではなかろうか。順慶は本能寺の変後、光秀の与力大名だったこともあり、光秀と秀吉を天秤《てんびん》にかけていた経緯があったが、それでも秀吉は処罰することはできなかった。その時よりも秀吉の権力は格段に強化されていたが、順慶が健在のうちは転封に踏み切れなかったかもしれない。しかし、順慶は小牧・長久手の戦いのさなか、三十六歳という若さで病死した。

定次は順慶の一族で養子。定次から見ると順慶は父方の従兄《いとこ》、母方の伯父である。本能寺の変以前に信長の息女が定次に嫁したと記されることがある（変後に嫁したと思われる）が、養父順慶に信長の義妹が嫁いだのと混同しているのだろう。信長の生前、定次は順慶の養子になっておらず、後継者にも指名されていなかった。後継者には番条《ばんじょう》五郎に白羽の矢が立てられたが、断られた。番条五郎との関係は不明だが、甥の定次では後継者は無理と判断されていたのだろう。

『多聞院日記』天正十三年（一五八五）閏八月十三日条には「伊賀国は悉《ことごと》くもって侍衆牢人あるべし、しからざれば百姓並みと申し付けられ了《おわんぬ》」という噂を書き留めている。長年、惣国一揆として大名権力に逆らってきたことが忌避されたのだろう。武士は牢人するか、百姓身分になるかの選択を迫られた。伊賀国内での牢人は許されず、国外追放という厳しい「政策」でもあった。

定次は、閏八月十八日、秀吉に坂本城に呼びつけられ、伊賀への転封が命じられた。もはや秀吉の命令は「絶対」であった。『多聞院日記』は、「大和は神領だったが、国衆が数代にわたって悪逆を働いた神罰として大和国を追い払われることになった」と手厳しい。定次は順慶の後室や家臣の子供を人質として上洛させた。閏八月二十四日、定次は国衆を率いて伊賀へ移った。国衆の中には、新たに大和国の領主となった豊臣秀長に仕えた者もいた。

大和国と伊賀国は隣接し、そのつながりも深いが、筒井氏はしばしば伊賀国へ侵攻しており、伊賀衆からすれば、複雑な心境だったと思われる。実際、定次の治世下で伊賀衆は表立っては出てこない。大和の国衆もいずれは大和国へ戻れると期待したようだが、すでに中世的な国衆の位置づけは終焉を迎えており、基本的にはその望みが叶《かな》うことはなかった。

定次の大和国内での石高ははっきりしないが、伊賀国での石高も不明である。伊賀国で十二万石、伊勢国において五万石、山城国でも三万石、合計二十万石を与えられたといわれるが、それほど優遇されたとは思えない。伊賀国の石高は十万石程度で、このうち半分の五万石が定次の領地で、残り五万石は豊臣家の蔵入地《くらいりち》（直轄領）になったという。

定次は、平楽寺と薬師寺があったとされる、伊賀の国府ともいうべき上野台地に築城した。筒井古城と呼ばれるもので、のちに藤堂高虎《とうどうたかとら》が改修した。現在の伊賀上野城の地である。翌年には検地を実施している。

もともと力量がないうえに、順慶の甥ではあるが、養子で、しかも若輩であってみれば、筒井氏の重臣間の対立を抑えることは困難だっただろう。天正十七年（一五八九）には一万石が加増されたりしたが、定次では重臣をまとめることができず、内訌《ないこう》が続き、浅野長政《あさのながまさ》が調停に入ったこともある。国替えの噂すら飛んでいた。のち石田三成に仕えた著名な島左近も定次のもとを去っている。長政の奔走によって内訌の原因だった家臣を他家に奉公させることで定次の国替えは沙汰やみとなった。

秀吉の死後、豊臣政権崩壊の端緒となった関ヶ原の戦いで、定次は東軍に属した。家康の上杉討伐軍に従軍したが、西軍挙兵の報を得て定次は帰国しようとしたが果たせず、東軍の先鋒として関ヶ原の戦いに臨んだ。上野城は西軍方に奪われたが、関ヶ原の大勝によって定次は上野城に復することができた。

その後、慶長十三年（一六〇八）、家臣の中坊飛騨守《なかのぼうひだのかみ》（秀祐《ひですけ》）の讒言《ざんげん》により改易された。その理由については、「家中の内訌を抑えきれなかった」「酒色に溺れた」「定次がキリシタンだった」など諸説ある。定次はキリシタンではあったが、改易の理由としては否定されている。定次は、慶長十年頃から淋病《りんびょう》を病んでいたようで、「心身悩乱」の状態にあったのかもしれない（『医学天正記』『増補筒井家記』）。

家臣の内訌というのが主な理由であり、伊賀の国衆の一揆に対し、家臣が「妥協派」と「弾圧派」に分かれて対立したのが要因だろう（『三重―その歴史と交流』所収の松山宏「筒井定次の国替と伊賀上野」）。弾圧には限界があり、無足人《むそくにん》（帰農した国衆。二二六頁参照）として支配した。俸禄はないが、公用を務め、帯刀を許される「無足人」制度は、のちの藤堂高虎時代に整備されるが、定次の時代にもすでにその萌芽《ほうが》が見られる（『大方家《おおがた》所蔵文書』『伊賀市所蔵文書』）。

「改易後の定次は、伊賀国を中心にわずかな所領を許されて年貢収入を得ており、家臣も一定程度確保するなど、領主としての体裁をなおも保ち続けていた」(『戦国大名の古文書』西日本編)という。大坂の陣の時は蟄居していたが、豊臣方への内通を疑われ、慶長二十年(一六一五)三月、自害した。

『増補筒井家記』には、定次は伊賀の忍びの上手である服部平七郎を使って密告した中坊秀祐を誅殺しようと画策したこともあったという。慶長十四年(一六〇九)、伏見で中坊秀祐は定次の旧臣山中八左衛門に殺害された(異説あり)。中坊の行為については「逆臣として憎まぬ者はなかった」「天罰」と評判は悪い。

3 伊賀衆の岐路

仁木友梅

天正伊賀の乱後の伊賀衆の動向に触れる前に、伊賀守護の系譜を引く仁木氏のその後について確認しておこう。伊賀に関する仁木氏は、良質な史料に断片的に登場するのみで、全体像ははっきりしない。

前述したが、足利義昭が織田信長に叛旗を翻した時、近江の石山の砦に籠城した仁木伊賀守義正は、『石山寺年代記録抄』には、仁木は「ニッキ」、義正の正には「ナリ」と読み仮名を振っており、「よしなり」と読ませている。義正は、義昭が死没した慶長二年（一五九七）八月二十八日まで付き従っていたという（『玉栄拾遺』）。義昭の使者として登場する「仁木右兵衛督」（『顕如上人文案』）、「仁木兵衛督」（『古簡』）と同一人物だろう。

大和の柳生家の記録『玉栄拾遺』によると、柳生新次郎厳勝《よしかつ》（一五五二～一六一六）の室（心月宗清禅定尼）は仁木氏の娘で、徳川家康の正室（築山殿《つきやまどの》）の姪という。一説にはこの仁木氏の娘の母（栄明院）は三河の吉良《きら》氏の息女ともいう。家格的には釣り合っているといえよう。柳生氏は伊賀国にも縁が深く、宗厳《むねよし》（厳勝の父）の息女は伊賀国の大塩《おおしお》九左衛門に嫁し、厳勝の息女は伊賀国の山崎惣左衛門に嫁している。

前述のように、もう一人仁木友梅という人物が登場してくる。『三国地志』には「仁木宅址三田村、按《あんずるに》、左京大夫義視、号友梅、これに居る」とし、左京大夫を友梅と理解している。津田宗及の『自会記』天正四年（一五七六）三月七日条に「伊賀之にんき殿之弟梅友軒」とあり、梅友軒は友梅軒（有梅軒）と同一人物だろう。仁木殿の弟としているので、おそらくは伊賀守護仁木氏の弟という位置づけだろう。

有梅軒については、『多聞院日記』天正十一年（一五八三）十一月十七日条の「祐梅軒」以降、頻出する。同日記を見ると、医者となっていたようである。息女は前述のように筒井定次の側室に迎えられたようだが、息子（天正十二年に十三歳）もいた。天正十二年正月十七日条に滝川雄利と「梅軒」（有梅軒）とは知音とあり、伊賀国での攻防以来の関係だろう。

天正十四年（一五八六）二月十三日条には「有梅軒正月三日より勢州へ越し、一昨夕、帰られ了《おわんぬ》（中略）信長の兄上野殿の息女の煩《わずら》い療治のため越す処、悉《ことごと》く平癒にて帰ると申され」とある。信長の兄とあるが、弟の上野介信包のことである。信包の息女が罹病し、その治療のために伊勢に赴き、完治させて戻ってきたという。伊勢から呼ばれるということは医者としてもかなりの知名度があり、力量も備えていたのだろう。信包の息女は、『群書織田系図』には三人が記載されているが、この息女が誰に比定できるのか不明。のちに秀吉の側室となった「姫路殿《ひめじどの》」の可能性もあるが、定かではない。

『多聞院日記』での終見は、天正十六年（一五八八）五月二十日条の「有梅軒は二位を召し具して伊勢に帰り了」、同月六日条「有梅軒勢州より来る。沙（砂）糖一桶《ひとおけ》持ち来たり了」とあり、この頃には伊勢に住しており、子息の二位を伴って伊勢に帰国したことが分かる。その後の消息は分からない。ちなみに、医師曲直瀬道三《まなせどうさん》の門下に伊勢国桑名《くわな》出身の仁木道安《どうあん》が見えるが、友梅との関係は不詳。

『三国地志』には、阿拝郡の陵墓の項目に「仁木友梅墓　三田《みた》村」とあるが、当時すでに廃《すた》れて所在不明となっていた。三田村には仁木氏の館跡があったとされるので、ここが守護所だったのだろう。現在の伊賀上野駅周辺である。

細川藤孝の連歌『玄旨公御連哥《げんしこうごれんが》』の天正十年（一五八二）正月五日の連歌会では、里村《さとむら》紹巴《じょうは》、長岡藤孝らと一緒に詠んでいる「了任《りょうにん》」の名が見える。同史料を翻刻した中村幸彦氏は了任について、根拠は示していないが、仁木伊賀入道に比定している。信憑性に欠けるが、『室町殿日記』『室町殿物語』に仁木了任（右京亮）が登場する。義昭が堺へ移った時（槙島城から没落した時）、淀《よど》まで同行し、その後知人を頼って播州へ下向し、医者となって姫路の書写山《しょしゃざん》にいた。田舎《いなか》ゆえに繁盛し、診療に多忙を極め、入道して仁木了任と号した。その後、故郷を懐かしみ、また義昭への挨拶も兼ねて東上して義昭と対面し、互いに昔のことを思い出し、涙の再会になったという。この逸話は『畸人《きじん》百人一首』でも取り上げられており、「足利家の臣下にて右京亮貞澄《さだずみ》といいし人なり」とし、診療の逸話も載せている。

他方、宣教師の記録に伊賀の王の娘といわれる「マリア伊賀」が登場する。「伊賀の王」の記述から筒井定次の娘という見方もあるが、仁木氏の娘の可能性もある。いずれにしても、伊賀守護仁木氏、その弟の有梅軒とともにその最期ははっきりしない。天正伊賀の乱とともに歴史から姿を消した。

神君伊賀越えの実態

少し時計の針を戻すが、本能寺の変は、日本各地に混乱をもたらした。信長によってほぼ日本全国の統一がなされようとしていたその矢先、明智光秀の謀叛によって信長、および後継者信忠が横死した。

徳川家康は、武田征伐後の論功行賞で信長から駿河・遠江両国を拝領（『信長公記』）し、そのお礼言上も兼ねて安土城の信長を表敬訪問した。武田氏の降将穴山梅雪《あなやまばいせつ》と連れ立って五月十五日には安土入りした。安土城に家康の屋敷などあろうはずはなく、大宝坊《だいほうぼう》を宿舎とした。接待役は明智光秀が担当し、十七日までの三日間、盛大なもてなしを受けた。十九日には安土の摠見寺《そうけんじ》で舞を見物し、翌二十日は安土城の江雲寺御殿で家臣の石川数正《いしかわかずまさ》、酒井忠次なども含めて食事が振る舞われ、信長自身が食膳を据えるという破格のもてなしを受けた。二十一日には、この機会に京都、大坂、奈良、堺を見物するように勧められ、長谷川秀一《はせがわひでかず》を案内役につけられて上洛。大坂では織田信澄、丹羽長秀が接待するように指示されていた。二十八日には大坂、堺へ下向し、堺では「堺政所《まんどころ》」の松井友閑《まついゆうかん》や茶人から茶会などに招待され、ひとときの閑を得ていた。本能寺の変前日の六月一日昼には、津田宗及の茶会に、穴山梅雪、家康の案内役として信長から付けられた長谷川秀一とともに招かれ、振る舞いを受けている。家康は酒宴半ばで感謝の意を表し、宗及の子隼人《はやと》（宗凡《そうぼん》）に糟毛《かすげ》（灰色の毛に白い毛が少し交じっている）の駿馬を贈っている。満ち足りた余暇を過ごしていたのではなかろうか。

しかし、翌日未明に勃発した本能寺の変によって、休暇気分は一気に吹き飛んだ。変の急報は、昼前には堺に滞在していた家康の耳にも入ったと思われる。通説では、この日早朝に堺を発って上洛途上、飯盛《いいもり》辺りで家康の雑用なども任されていた茶屋四郎次郎《ちゃやしろうじろう》（京都の豪商）からの急使と出会い、本能寺の変を知ってそのまま河内を経て、宇治田原、伊賀、伊勢を経由して三河まで帰国したとされる。落人狩りの危機に遭遇したが、伊賀衆に守られて無事帰国できたという。

近年では、伊賀国内よりもむしろ近江国甲賀郡内の行程の方が長かったはずとする研究も出ている。江戸期の史料では伊賀衆の活躍が増幅されており、家康の逃避行についての信頼できる史料は少ない。この中で家康に同行した者からの聞書に基づいた『石川忠総留書《いしかわただふさとめがき》』は比較的信憑性が高いとされているが、逃避ルートが詳細に過ぎて信用できない。最近では、大和越えを主張する研究も出始めている（上島秀友『本能寺の変　神君伊賀越えの真相』）。

逃避ルートに関しても、良質な史料は少ない。同行者からの聞書などが重視されているが、先祖を顕彰するための作り話が交じっている印象がある。先祖顕彰の意図が少ない良質な史料は、『信長公記』『当代記』くらいしかない。『当代記』も徳川系の史料といわれるが、家康帰国に関する部分についての潤色はなさそうである。堺で本能寺の変を知り、大和路を通り、高田城に立ち寄ったとある。堺で急報を受け取って大和路を通ったのであれば、竹ノ内《たけのうち》峠《とうげ》を越えたと思われる（『大和記』）。『信長公記』も堺で急報を受け取り、宇治田原を経由し、桑名から舟で熱田湊《あつたみなと》まで辿り着いたとしている。『三河物語』も堺で急報を受け取り、伊賀国を経由して帰国したとしている。また、本願寺の記録『宇野主水日記』でも堺で変を知ったと推測できる記事がある。六月二日条に「朝、徳川殿上洛。火急に上洛」と記し、その理由として、信長が安土から上洛したとの連絡があり、そのため急いで上洛した、と説明している。しかし、その後、真相が判明し、「これは信長御生害《ごしょうがい》を知りて、計略を云《い》いて上洛なり」と追記している。

本能寺の変を知った家康の動きは素早い。前述の史料から逃避ルートを推測すると、堺から東進し、竹ノ内峠を越えて大和に入り、高田城で休息し、さらに東進したあと八木《やぎ》辺りで北上し、宇治田原を経由し、その後は通説通りの行程を歩んだのではないだろうか。もっとも、前述のように伊賀国内より近江国甲賀郡内の行程の方が長く、伊賀越えというよりも甲賀越えだとする見解も出されている。また、八木からさらに東進し、高見峠《たかみとうげ》を越えたという史料もある。和田織部《わだおりべ》宛徳川家康書状を安井久善氏が紹介されている（「新資料『和田織部宛徳川家康書状』について」）。和田織部に対し、大和路の案内、および高見峠での働きを賞しているものだが、そのままには信用できない。織部宛に限らず、この時期の家康の書状には疑問なものが多い。また、大和の国衆が家康一行の道案内をしたという家譜類もあるが、やはり疑問が残る。このほか筒井順慶の書状写にも家康の伊賀越えのことが記されているが、信用できない。穴山梅雪も大和路を経由し、初瀬街道で討ち取られたという異説を載せている家譜もある（『紀州家中系譜並に親類書書上げ』）。

そもそも家康の帰国にそれほどの危険が伴っていたというのは見直した方がいいだろう。同行していたのが確実な重臣の石川数正、酒井忠次はこの時の武功を誇ってもよさそうだが、自家顕彰の記述が多い『寛政重修諸家譜』にすら危機的な状況は見えない。本能寺の変は青天の霹靂《へきれき》であり、六月二日や三日の時点で伊賀衆が蜂起するというのは考えにくい。変後、しばらく経過し、山崎の戦い頃になると、世情不安定のなか、落ち武者狩りも活発化したが、変直後は様子見だっただろう。

秀吉や勝家の陣中に急報がもたらされたのは、関係者に通報する必要があってのことであり、伊賀衆に急報を伝える人物が京都にいたとは考えにくい。目的を持って伊賀国に急報をもたらし、それも正確な情報でなければならない。伊賀の支配者である織田方には正確な情報が迅速に伝えられたと思うが、伊賀衆にはそうした情報網があったとは思えない。「忍びの者」を過大評価するのは危険である。

当時、摂津の中川清秀《きよひで》に対し、より遠方の秀吉が虚報を伝えているくらいであり、比較的近距離の伊賀国でも情報は錯綜《さくそう》していただろう。『多聞院日記』の六月二日条は、その日に記されたものかどうか不明だが、誤聞と判明した記事には「ウソ」と書き加えている。不確かな情報で織田方に叛旗を翻すとは思えない。伊賀衆の活躍はそのままには信用できない。もちろん、道案内くらいはした可能性はあろう。伊賀衆は、四国攻めの司令官となった神戸（織田）信孝の動員を受けており（『神宮文庫所蔵文書』）、堺周辺で渡海準備していただろう。信孝の軍勢は四散したが、どの時点で逃亡したかも不明である。ちなみに、信孝が丹波の国衆も動員したという信孝の文書があるが、花押の形状がその前後のものと異なっており、慎重に扱う必要がある。

家康の伊賀越えはさしたる危険もなく、無事三河まで帰国したと思われる。『信長公記』などには家康一行の人数が多かったと記録されているので、「家康軍」を襲える地侍集団などいなかっただろう。『三河物語』には、信長は伊賀の者を悉く成敗したが、家康は三河、遠江へ逃れてきた者を隠し置いた慈悲により、伊賀越えの時、無事に通過できたと評しているが、信用できない。

終章　近世の幕開き

関ヶ原の戦い

信長が本能寺の変で斃《たお》れ、豊臣秀吉の時代を招来したが、その秀吉も大陸遠征を企てたことで豊臣政権の屋台骨を揺るがし、適切な死後の政治体制を構築できないまま、後継者の秀頼の将来を案じつつ世を去った。豊臣政権の大立者《おおだてもの》だった徳川家康は、秀吉と結んだ生前の約束を反故にし、徐々に政権簒奪に動き始める。こうした世情のなか、伊賀惣国一揆の解体を経て集団的な力を失っていた伊賀衆は、おのおのの血縁、知人、あらゆる伝手《つて》を使って活躍の場を求めた。

伊賀国は既述のように筒井定次の領国となっていたが、世情の混乱とともに、在地にあった国衆、他国へ散った伊賀衆も本領復帰を目論《もくろ》み、伊賀国での功名を狙った。また、大名に奉公している者も忍びの技を駆使して次なる仕官への足掛かりとした。関ヶ原の前哨戦の一つとなった丹後国田辺《たなべ》城の攻防戦では、「玄旨〔細川藤孝〕の扶持せられし伊賀・甲賀の者」が活躍したという（『綿考輯録』）。

定次は東軍の家康方だったが、本国の伊賀へ帰国することができず、家康の先鋒隊として関ヶ原の戦いに臨んだ。甲賀郡信楽の多羅尾光雅《みつのり》は定次に属して戦った（『干城録』）というが、定次の活躍ははっきりしない。予備軍だったともいわれる。

居城の上野城には、十市《とおち》、布施、片岡《かたおか》らを留守居として残していたが、兵力も少なく、増《まし》田長盛《たながもり》に明け渡した（『中臣祐範記《なかとみすけのりき》』）。長盛の軍勢だけではなく、西軍方の新庄直頼《しんじょうなおより》の子の直定《なおさだ》が上野城を攻略したともいう。しかし、直定は、九月十五日の関ヶ原本戦で西軍が敗退したため、上野城から逃走した。このため直頼は、九月二十九日付で、自分たち父子の執り成しを家康の側近西笑承兌《せいしょうじょうたい》に依頼している（『西笑和尚文案』）。定次は九月二十日に上野城に帰城したというが、敗軍した西軍方の中には、伊賀国を通過した部隊もおり、伏兵に苦しめられたようである。

『中臣祐範記』（春日社の中臣姓の神職、東地井《とじい》祐範の日記）九月二十日条には、翌二十一日、家康の命令で筒井定次が山城から大和へ陣を進める予定を記しているが、その後、何度も延期された。ようやく二十二日、笠置に着陣しているが、増田長盛の居城の郡山《こおりやま》城の攻略に向けた動きと見られている。郡山城が開城されたあと、しばらくの間、定次が在番した（『郡山城主伝記』）。

こうしたこともあり、大和国は定次に与えられる噂があったようで、大和の寺社勢力は逸早く、定次に権益の確保を要請している。しかし、定次は大和国の領主については未定とし、素っ気ない対応をしている。実際に定次に大和国は与えられなかった。ただ、東軍方として加増がなかったとは思えないので、大和国において何らかの権益が与えられた可能性はある。その後、定次は慶長十三年（一六〇八）六月、家臣の讒言によって改易され、代わって家康の信頼の厚い藤堂高虎が伊賀に入部してくる。

藤堂高虎の入封

慶長十三年（一六〇八）八月、藤堂高虎が伊予国今治《いまばり》から伊賀・伊勢両国へ転封となった。このうち伊賀一国は十万五百四十石。九月下旬に伊賀国上野城に入り、翌月には伊勢国津城に移った。伊賀城代には渡辺勘兵衛了《さとる》を起用した。家康としては大坂城の秀頼を警戒し、大坂城包囲網の一環として上野城を重視した。家康は大坂方との戦いで勝利を得られない時は自ら上野城に入り、嫡子秀忠《ひでただ》は彦根《ひこね》城に籠って防戦する準備もしていたという（『伊賀市史』第二巻）。

伊賀国に残った伊賀衆は、「無足人」として処遇された。国衆の懐柔策であり、同時に経済的負担を抑える兵備補充策ともなった（『伊賀史叢考』）。国衆から牙《きば》を抜き、その名誉心をくすぐりながら、藩経済の負担を最小化しつつ兵力として有効活用しようという巧妙な制度でもあった。

無足人とは簡単にいうと、他藩でいうところの郷士《ごうし》である。在地の有力国衆層を「無足人」として、農民と武士との間に位置づけて取り立て、藩への抵抗を弱め、藩境の防衛として軍役の一角を担わせた。と同時に農民支配の一端を担わせた（五十嵐勉「伊賀国における郷士集落の地域構造」）。

普段は百姓をし、有事の際には軍役を務め、名字帯刀を許された。庄屋として村の名主的な存在でもあった。伊賀惣国一揆が解体し、その余韻が覚めない時期、エネルギーの捌《は》け口として、プライドを保ちつつ、費用を抑えるかたちで組織し、藤堂藩（津藩）の軍事力の一端を担ったともいえよう。実際に、藤堂藩が伊賀衆の「後裔」を警戒していた記録もある。

藤堂藩の伊賀奉行加納《かのう》藤左衛門が寛永七年（一六三〇）九月二十四日付で江戸家老の藤堂四郎右衛門に送った書状（『宗国史』）によると、同年の時点でも、伊賀国には牢人が引き籠っていたことが分かる。久保文武氏は「伊賀の地侍衆の抵抗のエネルギーに対して、警戒の眼を放しはしなかった」（『伊賀国無足人の研究』）と指摘している。

藤堂藩での「伊賀者」は「古くは諜報活動をする細作《さいさく》〔忍びの者〕であり、常には伊賀に在って奉行に属している。藩主が参勤交代で江戸へ行く時には扈従《こしょう》し、江戸の留守居に属した」とし、大坂の陣後に採用されたようである。ただ、「伊賀者」といっても伊賀出身者だけではなく、甲賀者など忍びの技に優れた者を意味したという（『宗国史』）。

寛永十三年（一六三六）の藤堂藩の伊賀国の家臣団記録には五系統が記されているが、その一つに「忍びの衆」も含まれている。正保《しょうほう》二年（一六四五）になると、「忍び（の）衆」という名称は世間の聞こえが悪いので「伊賀衆」呼ぶようにしたという記録（『宗国史』）がある。久保氏は「「忍び」という語は当時にあっては「盗人」という意味でもあった。「忍び」という武士階級における蔑視用語を排して「伊賀者」と称するようにした」（『伊賀国無足人の研究』）と分析している。

伊賀といえば、鍵屋《かぎや》の辻《つじ》での荒木又右衛門の決闘が著名だが、仇討ち後、荒木又右衛門と渡辺数馬《かずま》を池田家（鳥取藩）へ送る時、藤堂藩は伏見まで護衛したが、「伊賀忍びの者は、一間柄《いっけんえ》の鑓を杖《つえ》に突いて不慮を警戒した」（『公室年譜略』）という。忍びの術を得意とした伊賀衆の残影でもあった。

なお、『大和国高瀬《たかせ》道常《みちつね》年代記』によると、明治維新後、藤堂藩の改革が進み、千五百人もいた無足人と鉄砲方は四十人を残し、それ以外は廃止されたという。

大坂の陣と島原・天草一揆

関ヶ原の戦いの後、各地に牢人衆が散らばり、伊賀衆も在地で百姓身分になった者や、武士身分のまま他国に仕官を求めて伊賀を飛び出した者に分かれた。世情不安のなか、ついに慶長十九年（一六一四）十一月、大坂冬の陣の戦端が開かれた。

これに先立ち十月八日、家康の信任厚い藤堂高虎は先鋒を命じられ、津城を出陣し、十三日には上野城に着陣した。十五日、上野城を発ち、二十六日には河内の国分《こくぶ》まで進軍した。高虎はこの直前、「伊賀に居住している郷士は忍び・間諜の妙術を取得しているものが多くいるが、十人を選び、扶持を与え、上野城外（忍町）に屋敷を与えた」。

十三石から二十石程度の「小給」である。服部正左衛門、貝野《かいの》孫兵衛、山本《やまもと》喜太郎、木津伊兵衛（猪兵衛）、服部七右衛門、井岡《いおか》瀬之助（瀬之進）、早田《はやた》仁左衛門、曽我《そが》五郎兵衛、板《いた》崎《ざき》喜兵衛、松尾五郎右衛門で、貝野以下の九人が大坂冬の陣で召し出された（『公室年譜略』『高山公実録』）が、具体的な活躍は不明である。高虎の伊賀入部時から仕えた服部正左衛門は伊賀無足人五十人の頭《かしら》となり、江戸へも下らず伊賀に居住し、「忍びの衆」も預かっていたという。

大坂の陣では大坂方、徳川方ともに忍びの者を多用し、諜報活動を活発化させていたが、その仕事の性格上、信頼できる記録には伊賀の忍びの者の活躍は伝わらない。『高山公実録』には、冬の陣で高虎が「忍びの者を遣わして敵地を焼いた」事例を記している。また、忍びの者を使って堀の深さを探索させたりしている（『馬岡家文書』）。夏の陣でも忍びの者が大坂城の動静を探っており、五月一日には秀頼が城外を巡見するという噂を確認して報告している。五月六日の合戦では、伊賀衆の服部伝次や熊谷城助が参陣していたことが分かる。藤堂家臣の榊原八右衛門は五月六日、平野東《ひらのひがし》で功名を挙げたが、面識のない「伊賀衆」に首を奪われたという（中村勝利編『藤堂藩諸士軍功録』）。

また、伊賀国山田郡に領地を持っていた渡辺伊予（伊賀国で討死）の息子の主水は、豊臣秀長に仕え、忍びの者の頭となっていたが、秀長没後は牢人し、その後秀頼に仕え、名前を又兵衛に改名し、忍びの者を預かっていた。大坂夏の陣で討死したが、活躍そのものは伝わらない。藤堂藩は長宗我部氏と死闘を繰り広げ、大きな損害を出しているが、やはり伊賀衆の詳細は分からない。

その後、徳川幕府の下、世は平らかになりつつあった寛永十四年（一六三七）、国内最大の「反乱」である島原《しまばら》・天草《あまくさ》一揆（島原の乱）が勃発した。すでに大坂の陣の終結から二十二年経っていたが、戦国時代の余風が辛うじて残っていた。単なるキリシタンの一揆ではなく、農民を中心とした、幕藩権力に抵抗した「惣一揆」とも呼べる反乱でもあった。

島原・天草一揆では、伊賀者に限らず、忍びの者はほとんど役に立たなかったといわれる。従来の戦いでは、忍びの者は、敵味方に分かれても情報交換し、それを手柄にしていた側面があったが、一揆軍が籠城した原城《はら》には頼りとする忍びの者がいなかったため、原城の情報が入手できなかったためという。

藤堂藩は、島原・天草一揆への出陣に備え、軍事編成を整えたが、乱が鎮圧されたため、出陣はなかった（『三重県史』通史編近世一）。藤堂高虎の甥の藤堂守胤《もりたね》は、藤堂藩から離れて祖父の渡辺了の世話になっていたが、島原・天草一揆の時、陣借り（主君ではない武将の軍勢に加わって参陣すること）して参陣したものの、一揆ごときの籠城に事々しく参陣するとは未熟者である、と了から勘当されたという（『増補藤堂高虎家臣辞典』）。

伊賀衆の末路

第三次伊賀の乱の終息とともに、惣国一揆の役割も終え、近世化の波のなかで解体されていく。伊賀衆と同盟していた甲賀郡一揆は、天正十三年（一五八五）の秀吉の雑賀攻めに従軍したものの、水攻めでの失態を追及され、解体の憂き目に遭っている。伊賀惣国も、前述のように筒井定次の入部とともに、消えていったと思われる。

後年になるが、文禄四年（一五九五）と推測されている九月十六日付豊臣秀吉朱印状（『福岡達雄氏所蔵文書』）によると、伊賀の猟師らは、伊賀国内で鶴・白鳥・雁・鴨《かも》その他の諸鳥を進上するように指示されている。鉄砲の使用を許可されているが、すでに牙を抜かれた虎に等しい雰囲気である。

織田軍を敵に回して縦横無尽に活躍した伊賀衆も、豊臣秀吉、徳川家康の時代を経て、伊賀「衆」としてのまとまりは断たれ、伊賀「者」として命脈を保つことになる。前述のように伊賀国内では「無足人」として伊賀国内に残り、他国に飛び出した者は、徳川幕府や各地の大名に低い身分で仕え、かつての輝きは失われた。幕府に召された伊賀者は御庭番《おにわばん》同心といった下級の密偵となったり、江戸城や江戸の諸所の警備の役に任じられた。『忍者の末裔』を著した高尾善希氏は、平和な時代であるだけに、「サラリーマン警備員」と評している。また、忍びの者が持っていた医術の知識を活かして医者になった者もいた。

忍びの者の仕官については、中島篤巳氏によると、「各藩も伊賀者や甲賀者を召し抱えていたが、例えば長州藩の小さな支藩・岩国《いわくに》藩や石見国《いわみのくに》の小藩・津和野《つわの》藩でさえも伊賀者を雇っていた」が、忍びの者の供給に対し、需要はあまりにも少なかった（『完本万川集海』）。「伊賀国を治めた藤堂藩ですら、寛永十三年（一六三六）に藩士として雇った伊賀忍者は、わずかに二十人。ただし藤堂藩には無足人という「無禄の」登録侍の制度があり、藩の潜在忍者数は膨大であった。さらに寛永十四年に藤堂高次《たかつぐ》は伊賀忍者の他藩への就職を禁じ、忍者の就職はさらに難しくなったようである」という。忍びの者の受難時代の始まりでもあった。

江戸時代の大名家では、前田家（加賀藩）、越前松平家（福井《ふくい》藩）、井伊家（彦根藩）、永井家（高槻《たかつき》藩）、岡部家（岸和田藩）、紀州徳川家（紀州藩）、池田家（姫路藩）、鳥取池田家（鳥取藩）、蜂須賀家（阿波藩）などに伊賀の忍びの者の末裔が仕えたようである（川上仁一「江戸大名家と忍び」）。

たとえば池田家では「伊賀者」をまとめて召し抱えている。慶長十八年（一六一三）、池田輝政没時の池田家には「伊賀者」五十九人を召し抱えていた（『池田家分限帳』）。鳥取池田家の記録『因府録《いんぷろく》』では、「伊賀者」の表記ではなく、「夜盗」としている。戦国時代の名残であろう。

池田家に仕えた芳賀内蔵允《はがくらのじょう》は、慶長十八年に加増され合計二千石となり、「伊賀者十人」を預けられたという。大坂の両陣にも出陣しており、配下の「伊賀衆」も参陣したのだろう。播磨出身の淵本《ふちもと》六兵衛も伊賀の者を預かっている。同じく池田家の滝川縫殿《ぬい》組《くみ》に属した伊丹《いたみ》半右衛門は「伊賀者十五人」のうち八人を預けられた。加藤九左衛門も輝政の時代に伊賀者十人を預かったという。また、番《ばん》大膳も伊賀者を預けられた。伊賀服部党出身の守田氏は代々伊賀の西村（阿拝《あえ》郡）に小城を構え、守田将監の家を継いだ守田三之丞は、西村の城に居住し、天正伊賀の乱では信長軍に抵抗した。信長軍に西村城を落とされたため、他の伊賀衆とともに平野城に籠城して信長軍を苦しめたが、同城も落居した。その後、筒井順慶、石田三成に転仕し、関ヶ原の戦い後は牢人。池田輝政が「伊賀忍びの者」を召し出した時、三之丞は百石で召し抱えられた。その後、輝政の跡を継いだ利隆《としたか》に従い、大坂の両陣にも供奉して活躍した。阿拝郡東湯船《ひがしゆぶね》の服部山城守は、信長、および秀吉にも抵抗し、秀吉の時代には河合太弥、荒木平四郎、柘植福次の三人とともに大将分となって雨乞城に籠城したが、秀吉軍に攻められ落城した。柘植、荒木は討死したが、河合と山城守は落ち延びた。山城守の子孫は池田家に仕えた（『岡山藩家中諸士家譜五音寄』『吉備温故秘録』）。

備後福山《ふくやま》藩主水野氏の事績を記した『水野記』には天和《てんな》年間（一六八一～八四）の覚書が写されており、行列の前後を「伊賀者二人」に警備させることや、宿割の手配をする「伊賀組」が見える。元禄年間（一六八八～一七〇四）にも警備を担当する「伊賀組」が確認できる。『水野家分限帳』には「伊賀者」として二十石五人扶持の十二人が記載されている。

松江《まつえ》藩堀尾《ほりお》家の寛永十年（一六三三）の家臣団を記した『堀尾山城守給帳』によると、三千石を領した揖斐伊豆《いびいず》は「伊賀鉄炮四十人」を預かっていたという。堀尾家の改易後、高松《たかまつ》藩生駒《いこま》家を経て阿波藩蜂須賀家に転仕した伊賀者もいた（『蜂須賀家家臣成立書幷系図』）。

黒田家の分限帳『元和九年知行高帳』には野村《のむら》勘右衛門組に「伊賀衆」が所属している。服部牛右衛門康次《やすつぐ》の二百石を筆頭に五人合わせて六百石を拝領している。五人のうち三人が服部氏であり、伊賀出身なのだろう。

寛永十九年（一六四二）十一月、大老の酒井忠勝《ただかつ》から伊賀の忍びの巧者を召し抱えようと藤堂藩に打診があった。藤堂藩は忍びの巧者の郷士十人を選んで待機したが、その後連絡がなかったので、問い合わせたところ不要になったとの返答があった（『公室年譜略』）。なんとも無礼な話である。

地元の藤堂藩家中の地位が分かる宝永《ほうえい》六年（一七〇九）の『家中役人座席覚』によると、藤堂宮内（長源《ながもと》）を筆頭に城代、家老と続き、計百八の役職などが記されているが、「伊賀者」は百八の席次中、九十番目であり、かなり下位である。

断片的な事例を記したが、江戸幕府や各地の大名に仕えた伊賀衆は、やはり武士身分としては一段低く見られていたようである。日本各地に見られる「伊賀町」は伊賀者が集住していた名残といわれており、いまだに命脈を保っているともいえようか。

天正伊賀の乱を概観する

天正伊賀の乱について記述してきたが、いわゆる「忍者」の活躍についてはまったくといっていいほど触れなかった。たしかに、第一次天正伊賀の乱では、忍びの者が活躍した可能性はあるが、いかんせん良質な史料が残っていない。織田軍を向こうに回して縦横無尽に活躍したような印象が無きにしもあらずだが、実態ははっきりしない。しかし、織田軍を敗退させたことは確かである。一方の大将である柘植保重を討ち取るなど、稀に見る大勝でもあった。伊賀惣国一揆が最高潮に達した時の勝利ともいえよう。ただ、難癖をつけるわけではないが、信雄にはやはり油断があったと思う。不用意に仕掛けて、散々の体たらくで敗走したようである。いくら信雄の指揮能力が低くても、信雄軍の総力を挙げて攻め込めば、あれほどの大敗はなかっただろう。

第二次天正伊賀の乱では、伊賀衆はなす術《すべ》がなかった。伊賀惣国一揆はまったく機能しなかった。当初は頑強に抵抗すると見られていたが、織田の大軍が四方八方から乱入したのでは、手の打ちようがなかったと思う。伊賀衆の裏切り行為が相次ぎ、おのおのが勝手に和睦、寝返り、城を開けて降伏、あるいは山中に潜伏・逃走した。伊賀衆の弱みが露呈したものとなった。機を見るに敏な伊賀衆にすれば、当然の判断でもあっただろう。しかし、残党狩りは執拗に行われ、老若男女、僧俗の区別なく撫で斬りにされた。神社仏閣などの破壊行為と合わせ、これが後世、天正伊賀の乱の悲惨さとなって伝わったのだろう。

この時期、織田軍にはかなりの軍事的余裕があった。長年敵対してきた大坂本願寺は前年には実質的に降伏しており、また天正六年（一五七八）十月、信長に叛旗を翻していた荒木村重も毛利領国に落ち延びており、余剰戦力は十分であった。当然ながらこうした情報は伊賀国内にも入っていたと思われ、数万の大軍が一斉に伊賀国内に侵攻することは予想されたはずである。織田軍に寝返るのは、ある意味当然ともいえた。伊賀国内には徹底抗戦できる大城郭もなく、伊賀衆を統括する総大将もいなかった。

本能寺の変後の第三次天正伊賀の乱は、いうなれば付録のようなものであり、天正九年(一五八一)の織田軍による伊賀侵攻によって、伊賀惣国一揆は完全に破綻《はたん》し、伊賀衆による自治の道は断たれた。統一権力のもと、伊賀衆にとっては息が詰まるような雁字搦《がんじがら》めの時代に突入していくことになる。

あとがき

本書の主題である天正伊賀の乱については、これまで一書にまとめた書籍は少ないのではなかろうか。もちろん、個々のテーマについては、主要参考文献リストに列記したような優れた先行研究が発表されている。郷土史家による地元ならではの綿密な考証による研究成果の蓄積もある。その一つが久保文武氏の『伊賀史叢考』であり、大変お世話になった。また、研究論文では稲本紀昭氏の一連の研究成果にも多くの学恩を受けた。自治体史では『三重県史』や地元の『伊賀市史』も参考にさせていただいた。

旧伊賀国内については、自動車、ときには自転車で幾度となく通ったことがあったが、ほとんどが「通過」であった。それでも四方を山々で囲まれていることが実感でき、織田軍が四方八方から乱入すればとても防御できるとは思えないことがよく分かる。それまで伊賀国内のいくつかの城郭址を訪れたことがあったが、執筆中には、歴史研究の友人に案内してもらって伊賀国内の城郭址などを散策したり、ときには一人で城郭址を回ったりもした。整備されているところもあれば、かなりマイナーな城郭址などは地元の方に尋ねても頓珍漢な問答になって結局は分からなかったところもあった。

本文中では織田信雄について厳しい見方を示したが、同情する余地もある。幼くして北畠氏の養嗣子として送り込まれ、信長の後見によって北畠家督となり、さらに北畠一族を粛清するという荒療治も断行した。すべて父信長の意向と理解していいだろう。養子入りに際しては織田家から家臣が付けられたが、北畠旧臣との軋轢に苦労したことと思われる。織田派対北畠派の対立は容易に想像がつく。若い信雄には両派を取りまとめることは困難を極めた。いや、不可能だっただろう。そうした対立構造の上に、第一次天正伊賀の乱の発端があったと認識している。加えて、伊賀国は信長にとっては鶏肋《けいろく》の地ともいうべきもので、基本的には放置状態だったと思われる。いずれは信雄に任せようと考えていたかもしれない。しかし、実際には信雄の不用意な出兵が混乱に拍車を掛けることになった。信長が伊賀国を重視していれば、早期に解決していた可能性がある。結果論になるが、天正八年(一五八〇)の大坂本願寺の実質的な降伏を経た後は、余力を伊賀国に回せるようになり、天正伊賀の乱の失敗を招くことなく、伊賀国は難なく平定できただろう。

思えば、本書を書き始めてからすでに二年が経過してしまった。天正伊賀の乱については、史料が少ないことは分かっていたので、編集部の並木光晴氏からお話をいただいた時も二の足を踏んだ記憶がある。自信がなかったというのが正直なところである。しかし、改めて史料を収集した上で書き進んで行くうちに仄《ほの》かに先が見えるようになってきた。それでも試行錯誤を繰り返した。本文中にも記したが、『伊乱記』などの信頼性が低い史料はできる限り排除するようにした。また、「忍者」に関する史料も避けるようにした。このため伝説的な忍者が活躍する場面はまったく登場しない。

天正伊賀の乱とは何だったのか。簡単に答えは導き出せないが、時代の趨勢に抗《あらが》い、織豊期に咲いた「民衆自治」の最後の徒花《あだばな》だったと思えてならない。さらなる史料の発掘によって研究が深化することを祈念する次第である。

二〇二一年一月

和田裕弘

主要参考文献

■史料類

『朝倉軍談』（『朝倉家録』、富山県郷土史会、一九八二年）
『朝倉始末記』（『蓮如・一向一揆』、「続日本仏教の思想（日本思想大系）」四、岩波書店、一九九五年）
『足利義昭入洛記』（『皇室の至宝　東山御文庫御物』三、毎日新聞社、一九九九年）
『阿山町の古文書資料』二（阿山町教育委員会、一九九三年）
『家忠日記』（「増補続史料大成」一九、臨川書店、一九九三年）
『伊賀旧考・伊乱記』（伊賀市、二〇一〇年）
『伊賀国上柘植村并近江国和田・五反田村山論関係文書』（伊賀市上野図書館蔵）
『伊賀之者御由緒之覚書』（国立公文書館内閣文庫蔵、「伊賀者由緒書」、『三重大史学』一三、二〇一三年）
『伊賀無足人由緒書』（「三重県総合博物館資料叢書」五、二〇一九年）
『石川忠総留書』（国立公文書館内閣文庫蔵）
『石山寺年代記録抄』（滋賀県立図書館蔵）
『伊水温古』（国立公文書館内閣文庫蔵、『伊水温古』、伊賀史談会、一九三三年）
『出雲古志氏の歴史とその性格　古志の歴史二』（出雲市古志公民館、一九九九年）
『伊勢伊賀戦争記』（神宮文庫蔵）
『伊勢軍記』（三重県立図書館蔵）

『伊勢国司北畠秘録』(脇野活版所、一九二一年)
『伊勢国司記略』(拙堂会、一九三三年)
『伊勢国司諸侍系図書』(三重県立図書館蔵)
『伊勢国司諸侍役付』(国立公文書館内閣文庫蔵)
『伊勢参宮海陸之記』(「予陽叢書」二、一九二八年、『神宮参拝記大成』、吉川弘文館、二〇〇七年)
『伊陽安民記』(伊賀古文学複刻刊行会、一九三四年)
『陰徳太平記』(『正徳二年板本陰徳太平記』、東洋書院、一九八〇~八四年)
『宇野主水日記』(『真宗史料集成』三、同朋舎メディアプラン、二〇〇三年再版)
『大舘常興日記』(『ビブリア』七四~七六、天理大学出版部、一九八〇・八一年)
『岡山藩家中諸士家譜五音寄』一~三(倉地克直編、岡山大学文学部、一九九三年)
『小川新九郎先祖書』(筑波大学附属図書館蔵)
『織田軍記』(早稲田大学出版部、一九一四年)
『織田信長の古文書』(山本博文・堀新・曽根勇二編、柏書房、二〇一六年)
『改訂史料柳生新陰流』上・下(今村嘉男編、一九九五年)
『加沢記』(上毛郷土史研究会、一九二五年)
『(新訂増補)兼見卿記』一~七(八木書店、二〇一四~一九年)
『完本万川集海』(中島篤巳訳注、国書刊行会、二〇一五年)
『看羊録』(『日本庶民生活史料集成』二七、三一書房、一九八一年、『看羊録』、平凡社、一九八七年)
『紀州家中系譜並に親類書書上げ』(和歌山県文書館蔵)
『北畠國永朝臣歌集』(大阪市立大学学術情報総合センター蔵)
『北畠諸大名、諸侍等』(津市図書館蔵)
『北畠物語』(三重県立図書館蔵)

『吉備温故秘録』（『吉備群書集成』六、吉備群書集成刊行会、一九三一年）
『京都大学文学部博物館の古文書』第七輯（思文閣出版、一九九〇年）
『享禄天文之記』（国立公文書館内閣文庫蔵、「平成二年度奈良女子大学教育研究内特別経費（奈良文化に関する総合的研究）報告書」、一九九一年）
『記録御用所本古文書』上・下（東京堂出版、二〇〇〇・〇一年）
『玄旨公御連哥』（『文学研究』六〇、九州大学文学部、一九六一年）
『顕如上人文案』（『真宗史料集成』三、同朋舎メディアプラン、二〇〇三年）
『甲賀組由緒書』（国立公文書館内閣文庫蔵）
『甲賀士五十人由緒書』（甲賀市蔵）
『高山公実録』（「清文堂史料叢書」九八・九九、上野市古文献刊行会編、清文堂出版、一九九八年）
『公室年譜略―藤堂藩初期史料』（「清文堂史料叢書」一〇九、上野市古文献刊行会編、清文堂出版、二〇〇二年）
『校正伊乱記』（摘翠書院、一八九七年）
『甲陽軍鑑』（酒井憲二編『甲陽軍鑑大成』、汲古書院、一九九四～九八年）
『古簡』（国立国会図書館蔵）
『古簡雑纂』（西尾文庫蔵）
『国立国会図書館所蔵貴重書解題』六、一〇（国立国会図書館、一九七二年、八〇年）
『古今采輯』（東京大学史料編纂所架蔵）
『古今消息集』（国立公文書館内閣文庫蔵）
『御法成寺関白記』一（東京大学史料編纂所編纂『大日本古記録』、岩波書店、二〇一一年）
『御法成寺関白記』三（『陽明叢書記録文書篇』三、思文閣出版、一九八五年）
『沢氏古文書』（稲本紀昭編『国立公文書館蔵沢氏古文書』京都女子大学研究叢刊四三、京都女子大学、二〇

〇六年）
『参考伊乱記』（沖森直三郎編輯、沖森文庫、一九七五年）
『寺邊之記抄』（『校刊美術史料』寺院篇下巻、中央公論美術出版、一九七六年）
『島記録』（小和田哲男著『近江浅井氏』、新人物往来社、一九七三年、『井戸村家文書』二、八木書店、二〇二〇年）
『十六・七世紀イエズス会日本報告集』（松田毅一監訳、同朋舎、一九八七～九八年）
『春岳院文書輯成』（春岳院、二〇〇〇年）
『松雲公採集遺編類纂』（『春日社家日記抄』『五師職方日記抄』『私之日記』ほか、金沢市立玉川図書館近世史料館加越能文庫蔵）
『相国寺蔵西笑和尚文案』（思文閣出版、二〇〇七年）
『紹巴富士見道記』（「中世日記紀行文学全評釈集成」七、勉誠出版、二〇〇四年）
『史料集「萬葉荘文庫」所蔵文書』（「日本史史料研究会研究叢書」一二、柴辻俊六・千葉篤志編、二〇一三年）
『士林泝洄』（『名古屋叢書』続編、名古屋市教育委員会、一九六六～六八年）
『尋憲記』（国立公文書館内閣文庫蔵）
『信長記』（池田家文庫蔵）
『信長記』上・下（小瀬甫庵著、現代思潮社、一九八一年）
『信長公記』（角川書店、一九六九年）
『塵点録』（愛知県図書館蔵、名古屋市鶴舞中央図書館蔵）
『勢州録』（国立公文書館内閣文庫蔵）
『勢陽軍記』（東京大学史料編纂所架蔵）
『勢陽雑記』（東京大学史料編纂所蔵、国立公文書館内閣文庫蔵、名古屋市鶴舞中央図書館蔵）

『戦国遺文』（東京堂出版、一九八九～二〇一八年）
『宗国史』上・下（上野市古文献刊行会編、一九七九・八一年）
『増訂織田信長文書の研究』（奥野高廣著、増訂版第二刷、吉川弘文館、一九九四年）
『太閤記』（『新日本古典文学大系』六〇、岩波書店、一九九六年）
『大乗院寺社雑事記』一～一二（潮書房、一九三一～三七年）
『多芸録』（国立国会図書館蔵）
『多聞院日記』一～五、附録『蓮成院記録』（臨川書店、一九八五年）
『多聞院日記略』（国立公文書館内閣文庫蔵）
『中世新出重要史料』二（『埼玉県史料叢書』一二、埼玉県、二〇一四年）
『庁中漫録』（奈良県立図書情報館蔵、「奈良県史料叢書」一～五、二〇一六～二〇年）
『津田宗及自会記』（『天王寺屋会記』、淡交社、一九八九年）
『定本三国地志』上・下（上野市古文献刊行会編纂、上野市、一九八七年）
『天文御日記』（『真宗史料集成』三、同朋舎メディアプラン、二〇〇三年）
「東京大学史料編纂所所蔵『中務大輔家久公御上京日記』」（村井祐樹著、『東京大学史料編纂所研究紀要』一六、二〇〇六年）
「東京大学史料編纂所所蔵影写本『兼右卿記』（上）」（村井祐樹著、『東京大学史料編纂所研究紀要』一八、二〇〇八年）
「東京大学史料編纂所所蔵影写本『兼右卿記』（下）」（村井祐樹著、『東京大学史料編纂所研究紀要』二〇、二〇一〇年）
『当代記』（『史籍雑纂』二、国書刊行会、一九一一年）
『言継卿記』（続群書類従完成会、一九九八・九九年）
『豊臣記』（金沢市立玉川図書館近世史料館加越能文庫蔵）

『豊臣秀吉文書集』一～六（吉川弘文館、二〇一五～二〇年）
『直茂公譜』（『佐賀県近世史料』第一編第一巻、二〇〇三年）
『長井家文書・梶田家文書』（「三重県総合博物館資料叢書」二、三重県総合博物館、二〇一六年）
『中臣祐範記』一～三（八木書店、二〇一五～一七年）
『中原康雄記』（早稲田大学図書館蔵）
『南紀徳川史』五～七（南紀徳川史刊行会、一九三一・三二年）
『南行雑録』（東京大学史料編纂所架蔵、謄写本）
『二条宴乗記』（木村三四吾編『業餘稿叢』、一九七六年）
『萩藩閥閲録』（山口県文書館、一九六七～八九年）
『蜂須賀家家臣成立書併系図』（徳島大学附属図書館蔵）
『伴党水党并甲賀侍由緒書』（国立公文書館内閣文庫蔵）
『福智院家古文書』（花園大学、一九七九年）
『武家事紀』（山鹿素行先生全集刊行会、一九一五～一八年）
『譜牒餘録』（国立公文書館内閣文庫蔵）
『フロイス日本史』（普及版、中央公論社、一九八一・八二年）
『細川家文書』中世編（吉川弘文館、二〇一〇年）
『細川両家記』（国立国会図書館蔵）
『黐刻・京都大学附属図書館蔵（大惣本）『兵家茶話』上・中・下（『大阪大谷国文』四二、『大阪大谷大学紀要』四七・四八、二〇一二～一四年）
『三重県行政文書　無足人取調帳』（「三重県総合博物館資料叢書」一、三重県総合博物館、二〇一五年）
『三重県古銘集成』（和田年弥編、二〇〇〇年）
『三河物語』（「日本思想大系」二六、岩波書店、一九七四年）

『水野記』(『広島県史』近世資料編一、一九七三年)
『壬生家四巻之日記』(東京大学史料編纂所架蔵)
『室町殿日記』上・下(臨川書店、一九八〇年)
『室町殿物語』一・二(平凡社、一九九五年)
『綿考輯録』一~三(出水神社、一九八八・八九年)
『籾井家日記』(篠山毎日新聞社、一九三一年)
『師郷記』(国立国会図書館蔵)
「薬師寺上下公文所要録」(田中稔・永野温子著、『史学雑誌』七九-五、一九七〇年)
「薬師寺所蔵『中下臈検断之引付』について」「〔資料〕薬師寺所蔵『中下臈検断之引付』(本文)」(田中稔著、「研究論集」二『奈良国立文化財研究所学報』二二、一九七四年)
「『薬師寺中下臈検断之引付』について」(歴史研究室『奈良国立文化財研究所年報』、一九六八年)
『山中文書』(『水口町志』下巻、一九五九年)
『義景亭御成之記録』(国立公文書館内閣文庫蔵)
『鹿王院文書の研究』(鹿王院文書研究会編、思文閣出版、二〇〇〇年)
『和田家文書』(京都市歴史資料館蔵)
『渡辺俊経家文書―尾張藩甲賀者関係史料―』(滋賀県甲賀市、二〇一七年)

■**自治体史類(伊賀国関連)**
『青山町史』(青山町役場、一九七九年)
『伊賀市史』第一巻通史編古代・中世(二〇一一年)、第二巻通史編近世(二〇一六年)、第四巻資料編古代・中世(二〇〇八年)、第五巻資料編近世(二〇一二年)、第七巻年表・索引(二〇一七年)
『伊賀町史』(伊賀町、一九七九年)

『伊賀町のあゆみ』（伊賀町役場、二〇〇四年）
『上野市史』（上野市、一九六一年）
『大山田村史』上（大山田村、一九八二年）
『島ヶ原村史』（島ヶ原村、一九八三年）
『名賀郡史』（中林正三著、名著出版、一九七三年）
『名張市史』（中貞夫著、名張市役所、一九七四年）
『名張市史料集』三・四（名張古文書研究会編、名張市立図書館、一九八九・九〇年）
『名張の歴史』上（中貞夫著、名張地方史研究会、一九六〇年）
『三重県史』資料編中世一～三、近世一・二、通史編中世、近世一（一九九三～二〇二〇年）
『三重県史資料叢書』一、四～七（二〇〇〇～一三年）

■論著

赤坂恒明「天正四年の『堂上次第』について―特に滅亡前夜の北畠一門に関する記載を中心に―」（『十六世紀史論叢』二、十六世紀史論叢刊行会、二〇一三年）
阿刀弘史「『忍者』研究の現状と課題」（『紀要』二四、滋賀県文化財保護協会、二〇一一年）
天野忠幸『松永久秀と下剋上』（平凡社、二〇一八年）
新井孝重『東大寺領黒田荘の研究』（校倉書房、二〇〇一年）
新井孝重『黒田悪党たちの中世史』（日本放送出版協会、二〇〇五年）
荒垣恒明「戦国合戦における待ち伏せ戦術について―忍びと草・草調義の実態―」（峰岸純夫編『日本中世史の再発見』、吉川弘文館、二〇〇三年）
荒垣恒明「忍者とは実在するのか」（『戦国史の俗説を覆す』、柏書房、二〇一六年）
安野眞幸「『相良氏法度の研究（二）―『スッパ・ラッパ』考―」（『文化紀要』四〇、一九九四年）

伊賀文化産業協会編『伊賀上野城史』（一九七一年）
五十嵐勉「伊賀国における郷士集落の地域構造」（『歴史地理学紀要』二六、一九八四年）
池上裕子『戦国の群雄』（集英社、一九九二年）
池上裕子『戦国時代社会構造の研究』（校倉書房、一九九九年）
池上裕子『日本中近世移行期論』（校倉書房、二〇一二年）
石井進・石母田正・笠松宏至・勝俣鎮夫・佐藤進一『中世政治社会思想』上（『日本思想大系』二一、岩波書店、一九七二年）
石川正知『忍びの里の記録』（翠楊社、一九八四年）
石田晴男「両山中氏と甲賀『郡中惣』」（『史学雑誌』九五－九、一九八六年）
石田善人「甲賀武士団と甲賀忍術」（『万川集海』別冊二、誠秀堂、一九七五年）
石田善人「甲賀郡中惣と大原同名中惣について」（『柴田實先生古稀記念　日本文化史論叢』、柴田實先生古稀記念会、一九七六年）
石田善人「甲賀郡中惣と伊賀惣国一揆」（『中世村落と仏教』、思文閣出版、一九九六年、初出一九六二年）
磯田道史『歴史の愉しみ方』（中央公論新社、二〇一二年）
井戸弘『天正伊賀ノ乱遊歩』（青山文化書房、一九八一年）
稲城信子「大和における融通念仏宗の展開」（『国立歴史民俗博物館研究報告』一一二、二〇〇四年）
稲本紀昭「伊賀国守護と仁木氏」（『三重大学教育学部研究紀要』三八、一九八七年）
稲本紀昭「室町・戦国期の伊賀国」（『国立歴史民俗博物館研究報告』一七、一九八八年）
稲本紀昭「北畠氏発給文書の基礎的研究」上・中・下（『史窓』五〇・五一・五三、一九九三～九六年）
稲本紀昭「国立公文書館所蔵『天正九年御遷宮日次』・『慶長十三年遷宮日次』」（『三重県史研究』一八号、二〇〇三年）
稲本紀昭「北畠国永『年代和歌抄』を読む」（『史窓』六五、二〇〇八年）

主要参考文献

井上吉次郎「甲賀伊賀の忍術家と醫者」(『醫譚』二、杏林温故会、一九三八年)
今岡健治「伊賀仁木家の系統と系図での位置付け」(『皇學館論叢』二七二、二〇一三年)
上島秀友『本能寺の変 神君伊賀越えの真相—家康は大和を越えた』(奈良新聞社、二〇二一年)
臼井進「織田信長の上洛経路」(『日本歴史』七八五、二〇一三年)
大石泰史編『全国国衆ガイド』(星海社、二〇一五年)
大西源一「北畠具親の五箇篠山城挙兵について」(『三重の文化』一三、一九五八年)
大西源一『北畠氏の研究』(鹿東文庫、一九六〇年)
大藪海『室町幕府と地域権力』(吉川弘文館、二〇一三年)
岡森福彦「菊岡如幻伝とその諸問題」(『三重県史研究』二三、二〇〇八年)
沖森直三郎「家蔵伊賀の文献」(『伊賀郷土史研究』三、一九五四年)
沖森直三郎「菊岡如幻著　伊賀国忍術秘法について」(『伊賀郷土史研究』五、一九七二年)
沖森直三郎・北出楯夫編『天正伊賀乱四百年記念略誌』(伊賀郷土史研究会、一九八一年)
奥野高広「織田信長と浅井長政の握手」(『日本歴史』二四八、一九六九年)
尾下成敏「織豊期甲賀『郡中』関連文書の紹介」(『織豊期研究』一二、二〇一〇年)
織田信長家臣団研究会「天下布武」(一〜三〇、一九九五〜二〇二〇年)
笠井賢治「伊賀地域の方形城館と地域」(『中世城郭研究』二三、二〇〇九年)
笠井賢治「村々の城」(『季刊考古学』一三九、二〇一七年)
笠井賢治「伊賀惣国の再検討—『甲賀郡・伊賀奉行人惣連署起請文写』から—」(『織豊期研究』二〇、二〇一八年)
春日大社編『春日大社年表』(春日大社、二〇〇三年)
片岡瑠美子『キリシタン時代の女子修道会—みやこの比丘尼たち—』(「キリシタン文化研究シリーズ」一四、キリシタン文化研究会、一九七六年)

金子拓『織田信長〈天下人〉の実像』（講談社、二〇一四年）
金松誠『筒井順慶』（戎光祥出版、二〇一九年）
蕪木宏幸「足利義昭の研究序説―義昭の花押を中心に―」（『書状研究』一六、二〇〇三年）
賀茂郷文書研究会「山城国相楽郡賀茂郷の土豪と文書」（『史敏』一二、史敏刊行会、二〇一四年）
川上仁一「江戸大名家と忍び」（『伊賀・甲賀　忍びの謎』、『別冊歴史読本』七〇一、二〇〇五年）
川端泰幸「中世後期における地域社会の結合―惣・一揆・国―」（『歴史研究』九八九、二〇一九年）
鬼頭勝之「尾張藩における忍びの者について」（『地方史研究』二六三、一九九六年）
木下聡編『美濃斎藤氏』（岩田書院、二〇一四年）
木下聡「『足利義昭入洛記』と織田信長の上洛について」（『禁裏・公家文庫研究』五、思文閣出版、二〇一五年）
木下聡編『管領斯波氏』（戎光祥出版、二〇一五年）
木下聡編『若狭武田氏』（戎光祥出版、二〇一六年）
桐野作人『織田信長　戦国最強の軍事カリスマ』（KADOKAWA、二〇一四年）
久保尚文「和田惟政関係文書について」（『京都市歴史資料館紀要』一、一九八四年）
久保文武『伊賀史叢考』（同朋舎、一九八六年）
久保文武『伊賀国無足人の研究』（同朋舎、一九九〇年）
久留島典子『一揆と戦国大名』（『日本の歴史』一三、講談社、二〇〇一年）
黒嶋敏「『光源院殿御代当参衆并足軽以下衆覚』を読む」（『東京大学史料編纂所研究紀要』一四、二〇〇四年）
黒嶋敏「山伏と将軍と戦国大名―末期室町幕府政治史の素描―」（『年報中世史研究』二九、二〇〇四年）
黒嶋敏『天下人と二人の将軍』（平凡社、二〇二〇年）
小池辰典「鈎の陣にみる戦国初頭の将軍と諸大名」（『日本歴史』八五一、二〇一九年）

国際忍者学会編「忍者研究」一・二（国際忍者学会、二〇一八・一九年）
呉座勇一『日本中世の領主一揆』（思文閣出版、二〇一四年）
呉座勇一『応仁の乱』（中央公論新社、二〇一六年）
呉座勇一「戦国の動乱と一揆」（『中世史講義』、筑摩書房、二〇一九年）
小谷利明『畿内戦国期守護と地域社会』（清文堂出版、二〇〇三年）
小谷利明「戦国期の大念仏上人権力と融通念佛宗教団」（開宗九百年・大通上人三百回御遠忌奉修記念論文集『融通念佛宗における信仰と教義の邂逅』、融通念佛宗総本山大念佛寺、二〇一五年）
小谷利明・弓倉弘年編『南近畿の戦国時代』（戎光祥出版、二〇一七年）
小林孚『北畠家臣録考』（多藝國司研究所）
小山靖憲編『戦国期畿内の政治社会構造』（和泉書院、二〇〇六年）
佐藤和彦「戦国時代における一揆」（『日本史「戦国」総覧』歴史読本特別増刊事典シリーズ、新人物往来社、一九九二年）
島居清「吉田文庫の兼右自筆本に就（つ）いて」一～三（『ビブリア』二五・二七・二八、一九六三・六四年）
城郭談話会編『図解近畿の城郭Ⅲ』（中井均監修、戎光祥出版、二〇一六年）
新谷和之『近江六角氏』（戎光祥出版、二〇一五年）
高尾善希『忍者の末裔』（KADOKAWA、二〇一七年）
高橋成計『織豊系陣城事典』（「図説日本の城郭シリーズ」六、戎光祥出版、二〇一八年）
高橋典幸・五味文彦編『中世史講義』（筑摩書房、二〇一九年）
高橋正彦「慶應義塾所蔵曲直瀬家文書について」（『漢方の臨牀』三四－一二、一九八七年）
竹島至郎『伊賀町地誌要領』（竹島至郎、一九六三年）
田中稔・永野温子「薬師寺上下公文所要録」（『史学雑誌』七九－五、一九七〇年）

谷口克広「織田信長文書の年次について」（『日本歴史』五二九、一九九二年）
谷口克広『織田信長合戦全録』（中央公論新社、二〇〇二年）
田村昌宏「中世城館と惣国一揆」（『中世城郭研究論集』、新人物往来社、一九九〇年）
地方史研究協議会編『三重―その歴史と交流』（雄山閣出版、一九八九年）
長正純「伊勢の戦記物について」（『日本歴史』一八〇、一九六三年）
土山公仁「信長の花押デザインについて」（『岐阜市歴史博物館研究紀要』二〇、二〇一一年）
富澤一弘・佐藤雄太「『加沢記』からみた真田氏の自立」（『高崎経済大学論集』五四－三、二〇一二年）
中野銀郎『新編伊賀地誌』（歴史図書社、一九七四年）
中村勝利編『藤堂藩諸士軍功録』（三重県郷土資料刊行会、一九八五年）
永原慶二『中世内乱期の社会と民衆』（吉川弘文館、一九七七年）
西ヶ谷恭弘「戦国城郭の忍者警備」（『戦国史研究』一六、一九八八年）
西ヶ谷恭弘編『国別守護・戦国大名事典』（東京堂出版、一九九八年）
西ノ原勝・長谷川裕子「新出『大原同名中与掟写』の紹介と検討」（『国史学』一八〇、二〇〇三年）
西山克「戦国大名北畠氏の権力構造」（『史林』二九四、一九七九年）
萩原龍夫「兼見卿記に顕れたる伊賀」（『伊賀郷土史研究』三、一九五四年）
橋本政次『姫路城史』上（名著出版、一九七三年）
長谷川裕子『戦国期の地域権力と惣国一揆』（岩田書院、二〇一六年）
畑知良「赤松義祐の花押と発給文書編年試案」（『兵庫のしおり』一〇、二〇〇八年）
服部哲雄・芝田憲一『三重・国盗り物語』（伊勢新聞社、一九七四年）
馬部隆弘「永禄九年の畿内和平と信長の上洛」（『史敏』四、史敏刊行会、二〇〇七年）
東四柳四明「能登畠山氏と一乗院覚慶」（『書状研究』一、一九七四年）
樋田清砂「伊賀　隠り国の哀歓と伊賀忍者の素顔」（『短歌研究』四二－七、一九八五年）

平山優『戦国の忍び』（KADOKAWA、二〇二〇年）
福井健二「伊賀国の中世城館」（『郵政考古紀要』二、大阪郵政考古学会、一九八〇年）
福井健二「伊賀の中世城館の築城時期について」（『伊賀郷土史研究』一〇、一九八七年）
福島克彦『畿内・近国の戦国合戦』（吉川弘文館、二〇〇九年）
福田千鶴「豊臣秀吉の鷹匠とその流派」（『鷹・鷹場・環境研究』四、二〇二〇年）
藤井讓治編『織豊期主要人物居所集成』（思文閣出版、二〇一一年）
藤木久志『豊臣平和令と戦国社会』（東京大学出版会、一九八五年）
藤田和敏『〈甲賀忍者〉の実像』（吉川弘文館、二〇一二年）
藤田貞郎編『美杉秘帖』（三重旬報社、一九六〇年）
藤田達生「村の侍と兵農分離」上・下（『人民の歴史学』一三三、一三四、一九九七年）
藤田達生『日本中・近世移行期の地域構造』（校倉書房、二〇〇〇年）
藤田達生編『北畠一族と秀吉』（三重大学上野遺跡学術研究会、二〇〇二年）
藤田達生編『伊勢国司北畠氏の研究』（吉川弘文館、二〇〇四年）
藤田達生「『神君伊賀越え』再考」（『愛知県史研究』九、二〇〇五年）
藤田達生『証言本能寺の変　史料で読む戦国史』（八木書店、二〇一〇年）
藤田達生『城郭と由緒の戦争論』（校倉書房、二〇一七年）
藤田達生「伊賀者・甲賀者考」（『忍術研究』一、国際忍者学会、二〇一八年）
藤林明芳「新三重の城（三）―織田一族の人びと―」（『城と陣屋シリーズ』二五二、日本古城友の会、二〇〇九年）
古川哲史監修、魚住孝至・羽賀久人校注『戦国武士の心得』（ぺりかん社、二〇〇一年）
本多博之「『小寺家文書』について」（『兵庫のしおり』六、二〇〇四年）
松永和浩「室町期伊賀国の秩序と諸勢力」（『史敏』九、史敏刊行会、二〇一一年）

松山宏「天正伊賀の乱」(『伊賀郷土史研究』三、一九五四年)
松山宏「伊賀惣国一揆掟をめぐって」(『地方史研究』二〇八、一九八七年)
松山宏「秘境伊賀」(『伊賀郷土史研究』一〇、一九八七年)
丸田淳一「信長と忍者」(『織田信長「天下一統」の謎』、「歴史群像シリーズ」一、学習研究社、一九八七年)
三重県教育委員会編『三重の中世城館』(三重県良書出版会、一九七七年)
三重県高等学校日本史研究会編『三重県の歴史散歩』(山川出版社、二〇〇七年)
水野嶺「足利義昭の大名間和平調停と『当家再興』」(『古文書研究』八五、二〇一八年)
三保忠夫『鷹書の研究—宮内庁書陵部蔵本を中心に—』上・下(和泉書院、二〇一六年)
村井章介「朝鮮史料にあらわれた『忍び』」(『古文書研究』四三、一九九六年)
村井祐樹「幻の信長上洛作戦」(『古文書研究』七八、二〇一四年)
村田修三編『中世城郭研究論集』(新人物往来社、一九九〇年)
村田修三「伊賀国馬野郷の城館群」(『史敏』一〇、史敏刊行会、二〇一二年)
村松友次『芭蕉の作品と伝記の研究』(笠間書院、一九七七年)
森田恭二『河内守護畠山氏の研究』(近代文藝社、一九九三年)
盛本昌広『境界争いと戦国諜報戦』(洋泉社、二〇一四年)
安井久善「新資料『和田織部宛徳川家康書状』について」(『歴史教育』一三—九、日本書院、一九六五年)
安田元久「歴史事象の呼称について」(『学習院大学文学部紀要』三〇、一九八四年)
山口正之『忍びと忍術』(「江戸時代選書」二、雄山閣、二〇〇三年)
山田梅吉『越智氏の勤王』(奈良県教育会、一九三六年)
山田貴司「明智光秀口伝の医術書『針薬方』の古文書学」(『西日本文化』四九五、西日本文化協会、二〇二〇年)

山田雄司「史料紹介　伊賀者由緒書」（『三重大史学』一三、二〇一三年）
山田雄司『忍者の歴史』（KADOKAWA、二〇一六年）
山田雄司監修、佐藤強志著『そろそろ本当の忍者の話をしよう』（ギャンビット、二〇一八年）
山田雄司監修『戦国 忍びの作法』（ジー・ビー、二〇一九年）
山田雄司編『忍者学講義』（中央公論新社、二〇二〇年）
山本雅靖「伊賀における中世城館の形態とその問題」（『古代研究』二七、一九八四年）
山本雅靖「伊賀惣国一揆の構成者像」（『大阪文化誌』一七、一九八四年）
山本雅靖「城館研究の視点と方法の展開─伊賀地域における考古学的城館研究─」（『中世の城と考古学』、新人物往来社、一九九一年）
湯浅治久『中世後期の地域と在地領主』（吉川弘文館、二〇〇二年）
弓倉弘年「戦国期河内国守護家と守護代家の確執」（『戦国織豊期の政治と文化』、続群書類従完成会、一九九三年）
弓倉弘年『中世後期畿内近国守護の研究』（清文堂出版、二〇〇六年）
由良哲次「伊賀国号の起原および文化圏」（『伊賀郷土史研究』六、一九七四年）
横山住雄『織田信長の尾張時代』（戎光祥出版、二〇一二年）
横山高治『信長と伊勢・伊賀』（創元社、一九九四年）
吉井功兒「伊賀守護仁木氏のこと」（『戦国史研究』一二、一九八六年）
脇田修「織田政権下の惣について」（小葉田淳教授退官記念『国史論集』、小葉田淳教授退官記念事業会、一九七〇年）
「特集甲賀の忍者」（『湖国と文化』一六四、びわ湖芸術文化財団、二〇一八年）
『三重県』（「郷土資料事典」二四、ゼンリン、一九九七年）
『三重県の歴史』（「県史」二四、山川出版社、二〇〇〇年）

■辞典・事典類、全集、報告書、図録、その他

『伊賀の中世城館』(伊賀中世城館調査会、一九九七年)
『今中文庫目録』(広島大学図書館研究開発室、二〇〇六年)
『大坂の陣　豊臣方人物事典　第二版』(柏木輝久著、宮帯出版社、二〇一八年)
『織田信長家臣人名辞典　第二版』(谷口克広著、吉川弘文館、二〇一〇年)
『織田信長総合事典』(岡田正人編、雄山閣出版、一九九九年)
『尾張群書系図部集』(加藤國光編、続群書類従完成会、一九九七年)
『改定史籍集覧』(『足利季世記』『勢州兵乱記』『氏郷記』『武功雑記』『医学天正記』ほか)
『角川日本姓氏歴史人物大辞典』(角川書店)
『角川日本地名大辞典』(角川書店、一九七八～九〇年)
『寛永諸家系図伝』(続群書類従完成会)
『干城録』(汲古書院、人間舎)
『菊永氏城跡調査報告』(「阿山町埋蔵文化財調査報告」一、阿山町遺跡調査会、一九八七年)
『北畠氏とその時代』(三重県埋蔵文化財センター、二〇〇六年)
『群書系図部集』(続群書類従完成会、一九九五年)
『群書類従』(『応仁記』『勢州四家記』『ふち河の記』『紹巴富士見道記』『朝倉亭御成記』ほか)
『系図纂要』(名著出版)
『系図綜覧』
『故事類苑』
『古文書用字・用語大辞典』(柏書房、一九八〇年)
『時代別国語大辞典　室町時代編』一～五(三省堂、一九八五～二〇〇一年)

主要参考文献

『史料綜覧』
『新訂寛政重修諸家譜』（続群書類従完成会）
『姓氏家系大辭典』（太田亮著、角川書店、一九六三年）
『戦国軍記事典　群雄割拠篇』（和泉書院、一九九七年）
『戦国軍記事典　天下統一篇』（和泉書院、二〇一一年）
『戦国古文書用語事典』（東京堂出版、二〇一九年）
『戦国人名辞典　増訂版』（高柳光壽・松平年一著、吉川弘文館、一九七三年）
『戦国人名事典』（コンパクト版、阿部猛・西村圭子編、新人物往来社、一九九〇年）
『増補藤堂高虎家臣辞典　附分限帳等』（佐伯朗編、二〇一三年）
『続群書類従』（『関岡家始末』『御礼拝講之記』『永禄以来年代記』『渡邊水庵覚書』『大和記』『お湯殿の上の日記』ほか）
『続々群書類従』（『続南行雑録』ほか）
『大日本古記録』
『大日本古文書』
『大日本史料』
『大日本仏教全書』
『武田氏家臣団人名辞典』（柴辻俊六・平山優・黒田基樹・丸島和洋編、東京堂出版、二〇一五年）
『断家譜』
『中世史用語事典』（新人物往来社、一九九一年）
『東海の民俗』三重県編（『日本民俗調査報告書集成』、三一書房、一九九六年）
『日本書蹟大鑑』（講談社）
『日本大文典』（J・ロドリゲス原著、土井忠生訳註、三省堂出版、一九五五年）

『日本中世史事典』（阿部猛・佐藤和彦編、朝倉書店、二〇〇八年）
『日本歴史大事典』（小学館、二〇〇〇年）
『日本歴史地名大系』（平凡社、一九七九～二〇〇五年）
『丹羽長秀文書集』（功刀俊宏・柴裕之編、戦国史研究会、二〇一六年）
『武家名目抄』（『増訂故実叢書』、吉川弘文館、一九二八年）
『邦訳日葡辞書』（土井忠生・森田武・長南実編訳、岩波書店、一九八〇年）

関係略年表

年号	西暦	出来事
永禄二年	一五五九年	七月、伊賀の仁木氏、三好長慶に合力して出陣する。
永禄三年	一五六〇年	十一月、「惣国一揆掟」書が作成される（年次は推定）。
永禄四年	一五六一年	閏三月、「伊賀の城取の者ども」が摂津、丹波、播磨の三方面に出陣予定の風聞が流れる。七月、北近江の浅井氏、伊賀衆を忍びとして敵城に潜入させる作戦を立案する。
永禄五年	一五六二年	七月、伊賀の仁木四郎、神馬二頭を進上。十二月、伊賀衆、松永久秀の敵方に傭兵として出陣する（年次は推定）。
永禄七年	一五六四年	九月、京都吉田社の神主吉田兼右、伊賀に下向する。
永禄八年	一五六五年	七月、仁木刑部大輔長頼、覚慶（足利義昭）の一乗院からの脱出に協力する旨を和田惟政に伝える。同月、「伊賀屋形」（仁木長政）、一乗院から脱出した足利義昭を土橋で饗応する。
永禄九年	一五六六年	六月、仁木七郎、松永久秀方として筒井勢と戦い、負傷する。
永禄十一年	一五六八年	三月、吉田兼右、伊賀に下向する。九月、南近江の六角承禎、足利義昭を奉じて上洛する織田信長の軍勢に敗れ、甲賀郡を経て伊賀国に逃亡する。
永禄十二年	一五六九年	七月、信長、伊賀の仁木（長政）の内意を了承し、忠節を尽くせば報いる旨を滝川一益に伝える。九月、伊賀惣国、信長の北畠攻めに対し、甲賀衆とともに

		近江国で一揆蜂起したという噂が流れる。
永禄十三年（元亀元年）	一五七〇年	六月、伊賀・甲賀衆、六角氏配下として信長軍と戦う。七月、伊賀衆、大和国の細井戸城に入城する。
元亀三年	一五七二年	八月、宣教師の書簡に、伊賀国にいくつかの教会が建設されていたことが報告される。
元亀四年（天正元年）	一五七三年	六月頃、甲賀郡中惣が、信長に対抗するため伊賀惣国一揆との同盟を申し込む。九月、正親町天皇、泉涌寺の再興のために「伊賀　仁木」に対し、寄付を命じる。十月、伊賀・甲賀衆、長嶋攻めから退陣する信長軍を襲撃する。十二月、伊賀惣国一揆、甲賀郡中惣と、伊賀、甲賀の境目を取り決める。
天正二年	一五七四年	十一月、仁木長政、高倉神社の境内社春日社を造営する。
天正三年	一五七五年	五月、薩摩の島津家久、伊勢参宮への往路で伊賀国を通行し、六月、帰路にも通行する。
天正五年	一五七七年	十二月、吉田兼見、伊賀国に下向する。
天正七年	一五七九年	九月、第一次天正伊賀の乱。
天正八年	一五八〇年	八月、伊賀衆、大和国の坂合部頼重の城に忍び込む。十二月、吉田兼見、伊賀国に下向する。
天正九年	一五八一年	九月、第二次天正伊賀の乱。十月、信長、平定後の伊賀国を視察し、戦後処理する。
天正十年	一五八二年	五月、織田信孝、四国攻めに際し、伊賀衆を徴兵する。六月、本能寺の変。徳川家康、堺から伊賀国を経由して帰国する。第三次天正伊賀の乱。

天正十一年	一五八三年	三月、羽柴秀吉と柴田勝家の対立に際し、勝家陣営に与する。五月、伊賀衆、伊賀国に侵攻してきた筒井順慶軍に夜討ちを仕掛ける。
天正十二年	一五八四年	二月、織田信雄家臣の滝川雄利の居城を伊賀衆が乗っ取ったという噂が流れる。同月、羽柴秀吉配下の脇坂安治が伊賀国に進駐する。三月、小牧・長久手の戦いにおいて、伊賀衆が織田信雄・徳川家康陣営に与するという噂が流れる。
天正十三年	一五八五年	閏八月、伊賀国の侍衆、国外退去して牢人するか、百姓になるかを迫られる。同月、筒井定次、転封され、大和国から伊賀国に入部する。
慶長三年	一五九八年	八月、豊臣秀吉、没。
慶長五年	一六〇〇年	九月、関ヶ原の戦い。筒井定次の居城上野城、西軍方に占拠される。
慶長十三年	一六〇八年	六月、筒井定次、家臣の讒言により改易される。八月、伊予今治の領主藤堂高虎、伊賀・伊勢に転封され、九月、伊賀国に入る。
慶長十九年	一六一四年	藤堂高虎、大坂冬の陣に際し、伊賀衆の中で忍びの能力に長けた十人を召し抱える。
慶長二十年（元和元年）	一六一五年	五月、大坂夏の陣で藤堂高虎配下として伊賀衆の服部氏らが参陣する。伊賀国に残った伊賀衆は、無足人として処遇される。

地図作成　ケー・アイ・プランニング

和田裕弘（わだ・やすひろ）

1962年（昭和37年），奈良県に生まれる．戦国史研究家．織豊期研究会会員．著書に『織田信長の家臣団―派閥と人間関係』『信長公記―戦国覇者の一級史料』『織田信忠―天下人の嫡男』（以上，中公新書），『真説 本能寺の変』（共著，集英社），『信長公記を読む』（共著，吉川弘文館），『『信長記』と信長・秀吉の時代』（共著，勉誠出版）など．

天正伊賀の乱《てんしょういがのらん》
中公新書 2645

2021年5月25日発行

著　者　和田裕弘
発行者　松田陽三

本文印刷　三晃印刷
カバー印刷　大熊整美堂
製　本　小泉製本

発行所　中央公論新社
〒100-8152
東京都千代田区大手町 1-7-1
電話　販売 03-5299-1730
　　　編集 03-5299-1830
URL http://www.chuko.co.jp/

Published by CHUOKORON-SHINSHA, INC.
Printed in Japan　ISBN978-4-12-102645-3 C1221

中公新書刊行のことば

いまからちょうど五世紀まえ、グーテンベルクが近代印刷術を発明したとき、書物の大量生産は潜在的可能性を獲得し、いまからちょうど一世紀まえ、世界のおもな文明国で義務教育制度が採用されたとき、書物の大量需要の潜在性が形成された。この二つの潜在性がはげしく現実化したのが現代である。

いまや、書物によって視野を拡大し、変りゆく世界に豊かに対応しようとする強い要求を私たちは抑えることができない。この要求にこたえる義務を、今日の書物は背負っている。だが、その義務は、たんに専門的知識の通俗化をはかることによって果たされるものでもなく、通俗的好奇心にうったえて、いたずらに発行部数の巨大さを誇ることによって果たされるものでもない。現代を真摯に生きようとする読者に、真に知るに価いする知識だけを選びだして提供すること、これが中公新書の最大の目標である。

私たちは、知識として錯覚しているものによってしばしば動かされ、裏切られる。私たちは、作為によってあたえられた知識のうえに生きることがあまりに多く、ゆるぎない事実を通して思索することがあまりにすくない。中公新書が、その一貫した特色として自らに課すものは、この事実のみの持つ無条件の説得力を発揮させることである。現代にあらたな意味を投げかけるべく待機している過去の歴史的事実もまた、中公新書によって数多く発掘されるであろう。

中公新書は、現代を自らの眼で見つめようとする、逞しい知的な読者の活力となることを欲している。

一九六二年一一月

中公新書

日本史

2189 歴史の愉しみ方　磯田道史
2455 日本史の内幕　磯田道史
2295 天災から日本史を読みなおす　磯田道史
2579 米の日本史　佐藤洋一郎
2389 通貨の日本史　高木久史
2321 道路の日本史　武部健一
2494 温泉の日本史　石川理夫
2500 日本史の論点　中公新書編集部編
1617 歴代天皇総覧（増補版）　笠原英彦
2302 日本人にとって聖なるものとは何か　上野　誠
2619 もののけの日本史　小山聡子
1928 物語　京都の歴史　脇田　修・脇田晴子
2345 京都の神社と祭り　本多健一
482 倭　国　岡田英弘
147 騎馬民族国家（改版）　江上波夫

2164 魏志倭人伝の謎を解く　渡邉義浩
1085 古代朝鮮と倭族　鳥越憲三郎
2533 古代日中関係史　河上麻由子
2470 倭の五王　河内春人
2462 大嘗祭―天皇制と日本文化の源流　工藤　隆
1878 古事記の起源　工藤　隆
2095 『古事記』神話の謎を解く　西條　勉
804 蝦夷《えみし》　高橋　崇
1041 蝦夷《えみし》の末裔　高橋　崇
1622 奥州藤原氏　高橋　崇
1293 壬申の乱　遠山美都男
2636 古代日本の官僚　虎尾達哉
1568 天皇誕生　遠山美都男
2371 カラー版 古代飛鳥を歩く　千田　稔
2168 飛鳥の木簡―古代史の新たな解明　市　大樹
2353 蘇我氏―古代豪族の興亡　倉本一宏
2464 藤原氏―権力中枢の一族　倉本一宏

2362 六国史《りっこくし》―日本書紀に始まる古代の「正史」　遠藤慶太
1502 日本書紀の謎を解く　森　博達
2563 持統天皇　瀧浪貞子
2457 光明皇后　瀧浪貞子
1967 正倉院　杉本一樹
2452 斎宮―伊勢斎王たちの生きた古代史　榎村寛之
2441 大伴家持　藤井一二
2510 公卿《くぎょう》会議―論戦する宮廷貴族たち　美川　圭
2536 天皇の装束　近藤好和
2559 菅原道真　滝川幸司
2281 怨霊とは何か　山田雄司
2127 河内源氏　元木泰雄
2573 公家源氏―王権を支えた名族　倉本一宏
1867 院　政（増補版）　美川　圭

中公新書

日本史

d2

608 613 中世の風景（上下） 阿部謹也・網野善彦 石井　進・樺山紘一
1503 古文書返却の旅 網野善彦
1392 中世都市鎌倉を歩く 松尾剛次
2336 源頼政と木曽義仲 永井　晋
2526 源　頼朝 元木泰雄
2517 承久の乱 坂井孝一
2461 蒙古襲来と神風 服部英雄
1521 後醍醐天皇 森　茂暁
2601 北朝の天皇 石原比伊呂
2463 兼好法師 小川剛生
2443 観応《かんのう》の擾乱《じょうらん》 亀田俊和
2179 足利義満 小川剛生
978 室町の王権 今谷　明
2401 応仁の乱 呉座勇一
2058 日本神判史 清水克行

2139 贈与の歴史学 桜井英治
2481 戦国日本と大航海時代 平川　新
2343 戦国武将の実力 小和田哲男
2084 戦国武将の手紙を読む 小和田哲男
2593 戦国武将の叡智 小和田哲男
1213 流浪の戦国貴族 近衛前久 谷口研語
1625 織田信長合戦全録 谷口克広
1782 信長軍の司令官 谷口克広
1907 信長と消えた家臣たち 谷口克広
1453 信長の親衛隊 谷口克広
2421 織田信長の家臣団―派閥と人間関係 和田裕弘
2503 信長公《しんちょうこう》記《き》―戦国覇者の一級史料 和田裕弘
2555 織田信忠―天下人の嫡男 和田裕弘
2622 明智光秀 福島克彦
784 豊臣秀吉 小和田哲男
2557 太閤検地 中野　等
2265 天下統一 藤田達生

2357 古田織部 諏訪勝則
2645 天正伊賀の乱 和田裕弘

日本史

d4

- 2107 近現代日本を史料で読む　御厨　貴編
- 2554 日本近現代史講義　山内昌之・細谷雄一編著
- 2011 皇　族　小田部雄次
- 1836 華　族　小田部雄次
- 2379 元老—近代日本の真の指導者たち　伊藤之雄
- 2492 帝国議会—西洋の衝撃から誕生までの格闘　久保田　哲
- 2528 三条実美《さんじょうさねとみ》　内藤一成
- 840 江藤新平（増訂版）　毛利敏彦
- 2051 伊藤博文　瀧井一博
- 2618 板垣退助　中元崇智
- 2550 2551 大隈重信（上下）　伊藤之雄
- 2103 谷　干城　小林和幸
- 2212 近代日本の官僚　清水唯一朗
- 2294 明治維新と幕臣　門松秀樹
- 2483 明治の技術官僚　柏原宏紀
- 561 明治六年政変　毛利敏彦
- 1927 西南戦争　小川原正道
- 1584 東北—つくられた異境　河西英通
- 2320 沖縄の殿様　高橋義夫
- 252 ある明治人の記録（改版）　石光真人編著
- 161 秩父事件　井上幸治
- 2270 日清戦争　大谷　正
- 1792 日露戦争史　横手慎二
- 2605 民衆暴力—一揆・暴動・虐殺の日本近代　藤野裕子
- 2509 陸奥宗光　佐々木雄一
- 2141 小村寿太郎　片山慶隆
- 881 後藤新平　北岡伸一
- 2393 シベリア出兵　麻田雅文
- 2269 日本鉄道史　幕末・明治篇　老川慶喜
- 2358 日本鉄道史　大正・昭和戦前篇　老川慶喜
- 2530 日本鉄道史　昭和戦後・平成篇　老川慶喜
- 2640 鉄道と政治　佐藤信之

中公新書

世界史

1353 物語 中国の歴史 寺田隆信
2392 中国の論理 岡本隆司
2303 殷―中国史最古の王朝 落合淳思
2396 周―理想化された古代王朝 佐藤信弥
2542 漢帝国―400年の興亡 渡邉義浩
12 史記 貝塚茂樹
2099 三国志 渡邉義浩
7 宦《かん》官《がん》(改版) 三田村泰助
15 科《か》挙《きょ》 宮崎市定
1812 西《せい》太《たい》后《こう》 加藤徹
2030 上海 榎本泰子
1144 台湾 伊藤潔
2581 台湾の歴史と文化 大東和重
925 物語 韓国史 金両基
1367 物語 フィリピンの歴史 鈴木静夫

1372 物語 ヴェトナムの歴史 小倉貞男
2208 物語 シンガポールの歴史 岩崎育夫
1913 物語 タイの歴史 柿崎一郎
2249 物語 ビルマの歴史 根本敬
1551 海の帝国 白石隆
2518 オスマン帝国 小笠原弘幸
1858 中東イスラーム民族史 宮田律
2323 文明の誕生 小林登志子
2523 古代オリエントの神々 小林登志子
1818 シュメル―人類最古の文明 小林登志子
1977 シュメル神話の世界 岡田明子 小林登志子
2613 古代メソポタミア全史 小林登志子
1594 物語 中東の歴史 牟田口義郎
2496 物語 アラビアの歴史 蔀勇造
1931 物語 イスラエルの歴史 高橋正男
2067 物語 エルサレムの歴史 笈川博一
2205 聖書考古学 長谷川修一

中公新書

世界史

2253 禁欲のヨーロッパ 佐藤彰一
2409 贖罪のヨーロッパ 佐藤彰一
2467 剣と清貧のヨーロッパ 佐藤彰一
2516 宣教のヨーロッパ 佐藤彰一
2567 歴史探究のヨーロッパ 佐藤彰一
1045 物語 イタリアの歴史 藤沢道郎
1771 物語 イタリアの歴史 II 藤沢道郎
2508 貨幣が語る ローマ帝国史 比佐 篤
2413 ガリバルディ 藤澤房俊
2595 ビザンツ帝国 中谷功治
2152 物語 近現代ギリシャの歴史 村田奈々子
2440 バルカン―「ヨーロッパの火薬庫」の歴史 M・マゾワー 井上廣美訳
1635 物語 スペインの歴史 岩根圀和
1750 物語 スペインの歴史 人物篇 岩根圀和
1564 物語 カタルーニャの歴史(増補版) 田澤 耕

2582 百年戦争 佐藤 猛
1963 物語 フランス革命 安達正勝
2286 マリー・アントワネット 安達正勝
2466 ナポレオン時代 A・ホーン 大久保庸子訳
2529 ナポレオン四代 野村啓介
2318 2319 物語 イギリスの歴史(上下) 君塚直隆
2167 イギリス帝国の歴史 秋田 茂
1916 ヴィクトリア女王 君塚直隆
1215 物語 アイルランドの歴史 波多野裕造
1420 物語 ドイツの歴史 阿部謹也
2304 ビスマルク 飯田洋介
2490 ヴィルヘルム2世 竹中 亨
2583 鉄道のドイツ史 鴋澤 歩
2546 物語 オーストリアの歴史 山之内克子
2434 物語 オランダの歴史 桜田美津夫
2279 物語 ベルギーの歴史 松尾秀哉
1838 物語 チェコの歴史 薩摩秀登

2445 物語 ポーランドの歴史 渡辺克義
1131 物語 北欧の歴史 武田龍夫
2456 物語 フィンランドの歴史 石野裕子
1758 物語 バルト三国の歴史 志摩園子
1655 物語 ウクライナの歴史 黒川祐次
1042 物語 アメリカの歴史 猿谷 要
2209 アメリカ黒人の歴史 上杉 忍
2623 古代マヤ文明 鈴木真太郎
1437 物語 ラテン・アメリカの歴史 増田義郎
1935 物語 メキシコの歴史 大垣貴志郎
1547 物語 オーストラリアの歴史 竹田いさみ
2545 物語 ナイジェリアの歴史 島田周平
1644 ハワイの歴史と文化 矢口祐人
2561 キリスト教と死 指 昭博
2442 海賊の世界史 桃井治郎
518 刑吏の社会史 阿部謹也

中公新書

現代史

2105 昭和天皇 古川隆久
2309 朝鮮王公族―帝国日本の準皇族 新城道彦
2482 日本統治下の朝鮮 木村光彦
632 海軍と日本 池田清
2192 政友会と民政党 井上寿一
1138 キメラ―満洲国の肖像（増補版） 山室信一
2348 日本陸軍とモンゴル 楊海英
2144 昭和陸軍の軌跡 川田稔
2587 五・一五事件 小山俊樹
76 二・二六事件（増補改版） 高橋正衛
2059 外務省革新派 戸部良一
1951 広田弘毅 服部龍二
795 南京事件（増補版） 秦郁彦
84 90 太平洋戦争（上下） 児島襄
2465 日本軍兵士―アジア・太平洋戦争の現実 吉田裕
2387 戦艦武蔵 一ノ瀬俊也
2525 硫黄島《いおうとう》 石原俊
2337 特攻―戦争と日本人 栗原俊雄
244 248 東京裁判（上下） 児島襄
2015 「大日本帝国」崩壊 加藤聖文
2296 日本占領史 1945-1952 福永文夫
2411 シベリア抑留 富田武
2471 戦前日本のポピュリズム 筒井清忠
2171 治安維持法 中澤俊輔
1759 言論統制 佐藤卓己
828 清沢《きよさわ》 洌《きよし》（増補版） 北岡伸一
2638 幣原喜重郎 熊本史雄
1243 石橋湛山 増田弘
2515 小泉信三―天皇の師として、自由主義者として 小川原正道

中公新書

現代史 f2

2570 佐藤栄作 村井良太
2186 田中角栄 早野透
1976 大平正芳 福永文夫
2351 中曽根康弘 服部龍二
2512 高坂正堯―戦後日本と現実主義 服部龍二
1574 海の友情 阿川尚之
1875 「国語」の近代史 安田敏朗
2075 歌う国民 渡辺裕
2332 「歴史認識」とは何か 大沼保昭 江川紹子
1804 戦後和解 小菅信子
2406 毛沢東の対日戦犯裁判 大澤武司
1900 「慰安婦」問題とは何だったのか 大沼保昭
2624 「徴用工」問題とは何か 波多野澄雄
2359 竹島―もうひとつの日韓関係史 池内敏
1820 丸山眞男の時代 竹内洋
2237 四大公害病 政野淳子
1821 安田講堂 1968-1969 島泰三
2110 日中国交正常化 服部龍二
2150 近現代日本史と歴史学 成田龍一
2196 大原孫三郎―善意と戦略の経営者 兼田麗子
2317 歴史と私 伊藤隆
2301 核と日本人 山本昭宏
2627 戦後民主主義 山本昭宏
2342 沖縄現代史 櫻澤誠
2543 日米地位協定 山本章子